MUSEO DE AMÉRICA
MADRID

MUSEA NOSTRA

BAJO LA DIRECCIÓN DE VÍCTOR NIETO ALCAIDE

MUSEO DE AMÉRICA

MADRID

Cruz Martínez de la Torre

Paz Cabello Carro

iberCaja

Colección monumentos
y museos

Contenido

iberCaja €

Caja de Ahorros y Monte
de Piedad de Zaragoza,
Aragón y Rioja

Portada libro:
Cacique de oro, detalle [29]

Frontispicio:
Camisa de lana y algodón, detalle [83]

INTRODUCCIÓN

EL OBJETIVO DE ESTE LIBRO ES MEJORAR EL CONOCIMIENTO DEL MUSEO DE AMÉRICA y de sus colecciones a los visitantes de todo tipo que, tras un recorrido por sus salas, quieran saber algo más o llevarse a casa un recuerdo y una información suplementaria. E introducir a los que, sin haberlo visitado, sientan curiosidad por conocerlo.

El volumen se organiza en dos partes: una historia del coleccionismo americano en España hasta llegar al joven Museo de América con sus antiguas colecciones, y una descripción del contenido de los fondos precolombinos, coloniales y etnográficos. Hemos procurado que no adopte la forma de una guía que acompaña al visitante en su recorrido por las salas explicándoselas, para no entrar en competencia con las guías que ha hecho o haga en el futuro el propio Museo en el su natural trabajo de complementar la exposición y acercarla al visitante.

Asimismo hemos optado por hacer una presentación del Museo y de sus fondos lo más completa posible, mostrando cuáles fueron los criterios que presidieron, no sólo la formación de las colecciones, sino las diversas exhibiciones que con ellas se han hecho a lo largo del tiempo. Describimos la actual exposición, inaugurada en 1994, como la última de las exhibiciones de los fondos americanos, de manera que cualquier cambio o reforma que en ella se introduzca, o el aumento significativo de sus colecciones en un futuro, no requiera más que el añadido de algunas líneas, y no se altere así la validez de este libro.

Hemos pretendido, por tanto, que el presente volumen sea resumen y complemento tanto de cualquier guía del Museo como del resto de sus publicaciones: una revista anual y catálogos, de exposiciones temporales hechas con sus fondos unos, y sobre aspectos parciales de sus colecciones otros. De esta forma, tanto el especialista como el investigador o el curioso, podrán conocer de manera bastante aproximada la composición de las colecciones que el Museo posee, tanto las piezas expuestas como guardadas en almacén.

Las ilustraciones responden a las piezas expuestas, de manera que el lector pueda identificarlas y disfrutarlas al natural cuando efectúe su visita, y están además seleccionadas siguiendo el contenido del libro, ya que son representativas de los diversos momentos de la historia del coleccionismo y de las principales colecciones.

Esperamos que la lectura de las piezas que ilustran el texto sea lo suficientemente atractiva como para generar nuevas visitas y otras lecturas de sus salas, de sus objetos y de los volúmenes que, como éste, ayudan a presentar y realzar las colecciones.

PAZ CABELLO CARRO
Directora del Museo de América

I · HISTORIA

1. Las colecciones americanas más antiguas

La historia del Museo de América es breve, ya que cuenta con escasos cincuenta años. Sin embargo, la de sus colecciones es más larga, ya que éstas comenzaron a formarse en el siglo XVIII. No obstante, el coleccionismo americano en España es todavía mucho más antiguo, por lo que, en primer lugar, haremos un repaso desde las primeras colecciones que llegaron de las Indias, en el siglo XV, hasta nuestros días.

Desde el primer momento de la Conquista llegaron a España objetos americanos, aunque algunos de ellos no llegaron nunca a formar parte de los tesoros reales ni se han conservado hasta nuestros días. Sin embargo, sí se han conservado relaciones de objetos enviados desde América. Veremos a continuación cuáles fueron las colecciones americanas de las que se conserva noticia. Son éstas, prácticamente, las únicas descripciones de objetos indígenas que, por lo relativamente detallado de su inventario, indican que se consideraron objetos de valor. Aunque lo más probable es que esta valoración radicase, más que en su belleza, en su curiosidad, en el alto contenido en oro de las piezas y, sobre todo, en que eran testimonio de la incorporación de nuevos pueblos y tierras al reino.

Después de los presentes enviados por Colón a los Reyes Católicos, tenemos detalladas noticias de la remisión de varios tesoros indígenas mexicanos. Así, tenemos el primer envío que en 1519 hizo Cortés al rey con los regalos que Moctezuma le había enviado a la costa para que aquél no avanzase hasta el interior de su imperio. Fue en esta misma fecha cuando Cortés hundió su flota para que nadie huyera, excepto el navío que llevaba su primera carta al monarca junto con los regalos que el emperador azteca le acababa de hacer. Consistían, según el cronista Bernal Díaz del Castillo, en un sol de oro y una luna de plata, en un casco lleno de oro, en muchas joyas en forma de animales, en collares, en un arco con flechas y en algunas varas, realizado todo ello en oro. Cuenta otro cronista, Pedro Mártir de Anglería, que el tesoro fue contemplado en 1520 en Toledo por todo el que quiso, para luego ser exhibido en Valladolid en la primavera del mismo año. Posteriormente, a finales de verano, Carlos V lo trasladó a Flandes donde, entre muchos otros, lo vio y describió Durero. De esta forma, Europa había contemplado los tesoros mexicanos y se había quedado con ellos –el emperador los regaló a su familia residente fuera de España– antes que Cortés llegase a la capital del imperio azteca, Tenochtitlán, conocida hoy como Ciudad de México.

Documentos que obran en distintos archivos españoles, sobre todo en el de Indias, enumeran los plumajes adornados con plata, oro y joyas indígenas que remitió Hernán Cortés desde México en los siguientes años. Así, en mayo de 1522, envió oro fundido y doscientos sesenta objetos, cuarenta y ocho de los cuales eran mantas y vestuario de cuero o bien estaban realizados con plumería. El resto consistió en cincuenta y tres joyas de jade y oro –en forma de animales, cabezas humanas, veneras, etc.–, otras diez más estaban realizadas en oro puro –tales como una mariposa, dos máscaras y un lanzadardos– y treinta y ocho piezas similares hechas en oro bajo. Había también veintiséis piezas fabricadas en plata dorada –cuatro rodelas, dos de ellas procedentes del botín de guerra de Tenochtitlán y el resto, brazaletes y orejeras–, cuarenta piezas de plata baja y una tira de cobre.

Una relación sin fecha describe los regalos que Cortés envió a Carlos V a través de Dávila y de Quiñones. Es sabido que ambos embarcaron rumbo a España el 20 de diciembre de 1522 con presentes para el monarca y con el encargo de Cortés de conseguirle en la corte el nombramiento de Gobernador del nuevo país incorporado a la Corona. Esta gestión resultó innecesaria puesto que ya le habían otorgado el cargo antes de que los emisarios partiesen. Respecto al mencionado envío, parece ser que estaba compuesto por piezas que se guardaban en el palacio de Moctezuma consistentes en ciento cuarenta y nueve objetos tales como vestidos, armaduras, rodelas, cimeras y adornos hechos en su mayoría con plumas. De éstas, ciento veintiocho estaban hechas unas totalmente en oro y otras con plumas y aplicaciones de oro puro, o bien bañadas con este metal, y repartidas de la siguiente forma: nueve piezas de oro, dos de oro y plata, dieciocho de plata dorada y diecinueve de plumas con oro, existiendo, además, ciento una rodelas de las cuales setenta y cinco eran de plumas con aplicaciones de oro, seis de oro puro, dos de plata y oro, y dieciocho de plata dorada.

Hay otras dos relaciones remitidas conjuntamente al rey, y también sin fecha, correspondientes al cuarto y quinto envío hechos desde México, en una de las cuales se dice que las manda el señor Gobernador. Como Cortés lo fue desde finales de 1522 hasta su viaje a España, a mediados de 1528, el envío debió hacerse entre esos cinco años. Es probable que se tratase de una remesa de objetos de oro y piedras preciosas que, según algunos autores, realizó Cortés en septiembre de 1526. Estos creen detectar en ella la primera orfebrería indígena copiada de la imaginería cristiana. Las dos listas suman un total de trescientos dieciocho objetos, ciento sesenta de los cuales eran espejos –aparentemente de obsidiana–, collares, diversos tejidos y otros adornos de los que no se especifica en qué material estuvieron hechos. Las restantes ciento cincuenta y ocho piezas son joyas y objetos de oro, así como rodelas, penachos y vestidos de plumas con aplicaciones de oro. De ellas, setenta y cinco estaban enteramente realizadas en este metal, tratándose de collares, colgantes y adornos en forma de animales, flores, conchas y rostros humanos engastados en oro, similares éstos a los hechos en jade y otras piedras. Además hay dos rodelas, dos flautas, dos vasijas, nueve husos con sus torteros, nueve cucharas, un sombrero, una vara y una malla de armadura.

Si sumamos los objetos de estas cuatro listas de regalos y tributos enviados al rey obtenemos que, de un total de más de setecientas piezas, había trescientas dos hechas de materiales diversos. Otras trescientas quince eran de plumería, con más o menos aplicaciones de oro o piedras engastadas con este metal, ochenta y cuatro eran piezas de oro, treinta y ocho de oro bajo con un alto contenido de cobre, dos eran objetos de oro y plata y dieciocho lo eran de plata dorada.

Hay una última lista que puede ser representativa de lo que debieron ser las remisiones a la península de objetos curiosos, sin contar con todos aquéllos que los propios conquistadores, funcionarios y colonos pudieron haberse traído. Se trata de una memoria con objetos de plumería, la mayoría realizados con aplicaciones de oro, que fueron enviados a diferentes iglesias, conventos y particulares. Tampoco este documento tiene fecha, pero puede suponérsele una cercana a las anteriores. En él se detalla una magnífica serie de piezas, aunque de inferior calidad que las reales, compuesta por sesenta y ocho rodelas, capas, vestidos, tocados, abanicos y figuras. De un total de ciento diecisiete, ciento tres presentaban aplicaciones de oro, especificándose en algunos casos que los adornos son *colorados de oro*, lo que podría implicar un oro bajo, aleado con cobre, de color más rojizo que amarillo.

En otro documento que informa sobre unas joyas que los mexicanos habían dado a Cortés cuando regresó a España, fechado en 1532, se cuenta cómo éstos le habían regalado gran cantidad de joyas indígenas, hechas en oro y piedras, por valor de unos ocho o diez mil pesos de oro. Sin embargo, según el testimonio de un criado, dichas joyas se fundieron, comentando luego que los demás sirvientes de Cortés le habían *quintado* cada uno una parte, dando así a entender que se habían quedado con una porción de las mismas al igual que el rey, que se quedaba con un quinto como tributo.

Inventarios conservados en los archivos Generales del Reino de Bruselas y en el castillo de Simancas nos muestran una desconocida colección de objetos incas que tuvo Carlos V en dicha fortaleza. Esta colección estaba formada, en su mayor parte, por ricos vestidos, adornos y joyas de oro y piedras duras así como por los atributos de realeza específicos de un Inca, entre los que aparece la *mascapaicha*, o borla de lana roja, portada exclusivamente por dicho soberano. Estos objetos debieron ser ofertados a Francisco Pizarro, en señal de acatamiento al emperador español, por el aspirante a la corona incaica Manco Inca –despues de vencido y muerto Atahualpa en Cajamarca– cuando aquél se disponía a hacer su entrada victoriosa en Cuzco en donde, días después, coronó a Manco como Inca.

Como a continuación veremos, en España no se ha preservado ninguna de las colecciones que hemos mencionado. Por el contrario, en Europa sí se han conservado algunas pocas piezas precolombinas mexicanas, recogidas y enviadas a la Corona española en los primeros momentos del contacto. Éstas fueron regaladas por el rey a algunos de sus parientes. Recordemos cómo Carlos V expuso al público el primer tesoro que había remitido Cortés, en el año 1520. Lo exhibió en el palacio de Bruselas entre los días veintisiete de agosto y dos de septiembre de dicho año, debiendo ser entonces cuando este monarca regaló todo o parte del mismo a su tía Margarita de Austria, Regente de los Países Bajos. En efecto, un documento fechado en Bruselas en agosto de 1523 y conservado en la Biblioteca Nacional de París, describe unas ochenta piezas aztecas, en su mayoría de plumas con adornos de oro que, al parecer, se quedaron en el castillo que la regente tenía en Malinas, cerca de Amberes. Poco después, en 1528, Margarita regaló catorce de estos objetos mexicanos al duque de Lorena y otros seis al príncipe-arzobispo de Maguncia, dispersándose finalmente a su muerte el resto de la colección.

En 1525 Carlos I regaló a su hermano menor, luego archiduque de Austria y emperador de Alemania bajo el nombre de Fernando I, once objetos también mexicanos que, como los anteriores, se suelen atribuir al primer envío de Cortés, aunque por las fechas pudieran también corresponder a los envíos efectuados a partir de 1524. Esta colección se guardó en el austríaco castillo de Ambrás, conservándose en la actualidad algunos pocos atavíos de plumas en el Museum für Völkerkunde de Viena. Otros objetos mexicanos precolombinos –tales como máscaras, cuchillos y un escudo hechos con mosaico de turquesas sobre madera– se guardan en el Museum of Mankind de Londres, en el Luigi Pigorini de Roma y en el Museum für Völkerkunde de Munich. Igualmente se han conservado en otros museos –como el Palacio Pitti y los Museos de la Plata y Mineralógico de Florencia y el Museo Nacional de Copenhague– algunas piezas sueltas tales como figuritas de piedra y algún lanzadardos. Aunque la historia de todos estos objetos es de difícil seguimiento, ya que no existe apenas documentación, parece probable que provengan de los objetos remitidos por Cortés a Carlos V.

2. Los primeros museos y gabinetes reales

Sabemos que el virrey de Perú, Francisco de Toledo, propuso en 1572 a Felipe II que crease en Palacio un museo con las importantes colecciones indígenas que había por aquel entonces. El rey era un aficionado al arte, coleccionista y creador de la Real Armería –lugar donde se recogían colecciones de alguna manera relacionadas con las artes decorativas, excluyendo la pintura o la escultura–, por lo que es posible que se hubiese formado un gabinete de curiosidades con las colecciones ya existentes. En el inventario de los bienes que Felipe II dejó al morir figuraban algunas mariposas, una cabeza de serpiente, un águila con colgantes y un monstruo, todos en oro puro, así como otros objetos similares hechos en oro bajo. La descripción concuerda con las listas antes mencionadas, lo que parece indicar que se trataba de algunas de aquellas joyas remitidas por Cortés o por Pizarro. Debido a su escaso número, es probable que estas piezas las tuviera el Rey, por alguna razón, separadas del resto de la colección que, como vimos, era mucho más numerosa. Siguiendo las indicaciones del Virrey Toledo, las colecciones debieron conservarse como curiosidades ilustrativas de las posesiones de Ultramar. De esta manera, no es de extrañar que un secretario de la embajada francesa en Madrid escribiera, a mediados del siglo XVII, que los reyes tenían en Palacio tan numerosas colecciones de cuanto había de precioso en las Indias y en otros reinos que su visita demoraba un día. Entre los objetos que formaban parte de estas colecciones enumeraba tapices de corteza de árbol, vestidos de Moctezuma y de los Incas de Perú, cajas extrañamente trabajadas, espejos de obsidiana y cortinas de lecho hechas de plumas, objetos éstos que se corresponden con los asientos de los documentos citados.

El interés de la época por una América tan sólo accesible por los relatos orales o escritos y por sus producciones fue tal que en casi ningún inventario hecho durante los dos siglos siguientes al descubrimiento faltaban objetos indígenas americanos tales como idolillos. Además de éstos existían objetos de estilo europeo, hechos en América, como son los cuadros y tapices decorados con paisajes, hombres y animales de las Indias o los cuadros de devoción realizados con plumas. Es de interés tener en cuenta que para el gusto europeo de los siglos XVI al XIX, e incluso hasta bien adentrado el XX, el arte americano antiguo era, en el mejor de los casos, curioso cuando no feo o incluso horrible. Esto lo atestiguan comentarios y adjetivos usados en algunas ocasiones tanto por conquistadores y cronistas como por algunos científicos de finales del XIX. Esta apreciación se mantuvo todavía durante la primera mitad del siglo XX, comenzando el cambio de actitud con la valoración artística de algunas de estas piezas por parte de ciertos pintores de principios de siglo y, posteriormente, por parte de algunos antropólogos. Por lo tanto, en un comienzo, las piezas que atravesaron el océano procedentes tanto de las altas culturas antiguas como de otros grupos indígenas lo hicieron no como muestras de su arte sino como reflejo de manufacturas procedentes de un mundo desconocido.

Los sucesivos incendios acontecidos en los dos palacios reales de Madrid durante los siglos XVII y XVIII debieron destruir todas las colecciones que en ellos se guardaban, salvo las pictóricas que, por ser consideradas las más valiosas, fueron salvadas de las llamas. El del año 1734 arrasó tan completamente los Reales Alcázares madrileños que hubo que reconstruirlo totalmente, edificándose el actual Palacio de Oriente. De hecho, no hay ningún objeto ni documento que permita suponer que alguno de aquéllos se hubiera salvado, excepto las mitras de plumas que se conservan en el Real Monasterio de El Escorial y algunos códices mexicanos que se custodian en la biblioteca de Palacio. Tampoco los demás materiales americanos de colecciones privadas –entre las que se incluían las del rey y de su familia– han llegado hasta nuestros días, al menos de una manera pública y conocida. Esto es debido a que resulta prácticamente imposible rastrear el paradero de dichas colecciones ya que las testamentarías, regalos, intercambios y compraventas hacían de cualquier colección privada algo efímero y cambiante. Sin embargo, sí se han conservado objetos coloniales sueltos, en manos privadas o de instituciones, así como algún códice antiguo, materiales todos ellos que, poco a poco, han ido saliendo a la luz.

Afortunadamente no se quemó, por estar ubicada en un recinto separado de los palacios, la Real Biblioteca o Librería Pública de Madrid, fundada en 1716 por Felipe V, en la actualidad Biblioteca Nacional. En ella se conservaron algunos objetos raros y curiosos, y sobre todo libros, entre los que cabe mencionar una serie de manuscritos mexicanos recogidos a raíz de la promulgación en 1712 de una Real Orden de acopio de libros y códices raros. Otros códices mexicanos de mucho más antiguo origen obran, como ya dijimos, en la biblioteca de Palacio y en otras instituciones.

En el año 1752, Antonio de Ulloa, marino ilustrado que viajó por América interesándose notablemente por los indígenas y por sus antigüedades, creó un Real Gabinete de Historia Natural. Aunque no sabemos qué objetos se albergaban en este museo, hay razones suficientes para suponer la presencia en él de materiales americanos. Por motivos políticos Ulloa dimitió en 1755 cayendo el Gabinete en el olvido. En 1771, Carlos III fundó un segundo Real Gabinete de Historia Natural a partir de las colecciones que Pedro Franco Dávila había reunido en París –formadas por minerales, animales, curiosidades y antigüedades clásicas, ibéricas y egipcias, entre otras–, y por cuyo inventario sabemos que en ellas había objetos indígenas americanos. El Real Gabinete de Historia Natural se ubicó en la calle de Alcalá, en el piso alto del palacio donde tenía y tiene su residencia la Real Academia de San Fernado. En este lugar permaneció hasta el siglo XIX, aunque para este momento ya había cambiado de nombre y las colecciones americanas no se hallaban en él.

Los objetos de este segundo Gabinete, en el que se incluyeron las piezas del que había sido fundado por Ulloa, sí que han llegado hasta nuestros días, conservándose en el Museo de América de Madrid las procedentes tanto de las Indias americanas como de la Indias oceánicas. En las páginas siguientes veremos no sólo la formación de dichas colecciones sino también los avatares que, a través del transcurso del tiempo y de su ubicación en sucesivos museos, las llevaron hasta su destino final en el Museo de América.

Pajcha, detalle [5].

3. Recogida sistemática de las colecciones

El Real Gabinete de Historia Natural, que tenía materiales de todo tipo [1], se amplió con diversas colecciones reales de objetos arqueológicos y etnográficos americanos. Dichos objetos fueron remitidos por funcionarios y miembros de diversas expediciones obedeciendo a la política de recogida de curiosidades y de objetos de historia natural. Esta política se plasmó en las reales órdenes de acopio redactadas por Antonio de Ulloa y por Pedro Franco Dávila. En éstas se especificaba de manera minuciosa cómo debía recogerse cada tipo de objeto, incluidos los arqueológicos, por lo que durante el último tercio del siglo xviii se ampliaron muy notablemente las colecciones. Debemos recordar que fue en la Ilustración cuando comenzó la sistematización de los reinos mineral, vegetal y animal, con el hombre como parte de este último. Esto incluía la recogida, clasificación y estudio de las especies naturales, cuyos ejemplares se conservaban en los jardines botánicos y en los gabinetes de historia natural.

Entre las colecciones que sabemos que tenía la Corona antes de la fundación del segundo Real Gabinete de Franco Dávila destacan dos remesas de unos vasos arqueológicos norperuanos, producto de las primeras excavaciones hechas en América. La primera de ellas fue realizada en el año 1764, de manera anónima, en una sepultura cercana a Cajamarca [2], obteniéndose unos trescientos vasos y otros objetos de la cultura chimú inca. Habiéndose perdido la noticia del hecho, dicha colección se confundió con la siguiente –de ciento noventa y cinco vasijas de la cultura chimú– que había reunido el obispo de Trujillo, Baltasar Jaime Martínez Compañón [3, 4, 5], probablemente entre 1782 y 1785, cuando el segundo Gabinete ya había sido fundado. El obispo había mandado dibujar los objetos rescatados así como planos de ruinas en los que se señalan unas sepulturas de donde parecen proceder algunos de los mismos. Estos dibujos se encuentran en la biblioteca del Palacio Real de Madrid, conformando el último de los nueve volúmenes de ingenuas acuarelas en las que se describen las costumbres y demás temas propios de la historia natural de la diócesis de Trujillo. Martínez Compañón prometió remitir los restantes objetos hallados una vez que los acabasen de dibujar, pero, al parecer, la muerte le impidió cumplir con su promesa ya que no consta otra remesa posterior.

Otra colección de notable interés, aunque más reducida que la anterior, es la reunida a raíz de las excavaciones realizadas en América, entre 1785 y 1787, en las ruinas mayas de Palenque. Dichas excavaciones fueron las primeras realizadas de forma científica y bien documentada por medio de informes y dibujos [6, 55]. En realidad, hubo tres prospecciones

1 – Balanza usada para pesar oro y hojas de coca. Excavada en el siglo xviii, pertenecía desde entonces a las colecciones del Real Gabinete de Historia Natural.
Perú, cultura Chimú (1100-1470 d.C.) o Inca (1400-1533 d.C.).

2 – Vasija de plata en forma de cabeza humana procedente de las primeras excavaciones realizadas en América, en 1765, en la Huaca de Tantalluc cercana a Cajamarca. Perú, cultura Chimú-Inca (1470-1533 d.C.).

3 – Vasija de cerámica que representa una llama. Probablemente recogida en las excavaciones realizadas en Trujillo entre 1782 y 1785 por Martínez Compañón. Perú, cultura Chimú (1100-1470 d.C.).

4 – Vasija que representa a un loro picoteando un fruto. Probablemente hallada en una de las excavaciones realizadas en la costa norte del Perú, en el siglo XVIII. Cultura Chimú-Inca (1470-1533 d.C.).

5 – *Pajcha*. Vaso para libaciones de madera con forma de jaguar, animal asociado al poder y a la guerra. En el vástago aparece un desfile de conquistadores españoles. Procede de una de las excavaciones realizadas en Perú en el siglo XVIII. Cultura Inca (1400-1533 d.C.).

dirigidas a distancia por el gobernador de Guatemala, José Estachería, y por el historiador y fundador del Archivo de Indias, Juan Bautista Muñoz, que vivía en Madrid. En la primera prospección –realizada por José Antonio Calderón, alcalde de Palenque– no se obtuvieron piezas. Sí se obtuvieron de la segunda y de la tercera excavación –realizadas por el arquitecto Antonio Bernasconi y por el capitán Antonio del Río respectivamente. De éstas existen unas detalladas memorias y dibujos que, fundamentalmente, se conservan en el Archivo de Indias de Sevilla , en el del Museo de Ciencias Naturales de Madrid y en la Biblioteca de Palacio. Entre los objetos recogidos en esta colección destaca un bello relieve llamado «Estela de Madrid», que corresponde a una de las dos patas del trono del soberano de Palenque, así como las ofrendas fundacionales de los principales templos palencanos consistentes en vasijas, puntas de obsidiana y cuchillos.

La expedición botánica al virreinato del Perú –llevada a cabo entre los años 1777 y 1788 y realizada por Hipólito Ruiz y José Pavón, y también por José Dombey durante los cinco primeros años del viaje– recogió una colección arqueológica de diversas procedencias. Obtuvo además una

6 – Cartucho glífico de estuco procedente del Templo de las Inscripciones de Palenque. Fue recogido en el transcurso de las excavaciones hechas en 1787. México, cultura Maya (600-900 d.C.).

7 – Vasija rococó recogida por Joseph Dombey en Santiago de Chile, en 1785, a su regreso de la expedición botánica realizada por Ruiz y Pavón (1777-1788).

interesante colección etnográfica en Perú y Chile que debió haber sido una de las primeras, pese a que hubo en la época más envíos de materiales indígenas no identificados, por lo que constituye la única colección de esta índole que se conserva recogida en el siglo XVIII. El diario de dicha expedición y otros documentos permiten reconstruir la procedencia de los objetos, guardándose en la actualidad las láminas y los herbarios procedentes de la misma en el Jardín Botánico de Madrid [7, 8, 9, 10].

Varios expedicionarios llegaron a la entonces inexplorada Costa Noroeste americana y también a la casi desconocida costa de California, zonas en donde se recogieron las primeras colecciones de estos lugares que, además de poseer un alto valor estético, tienen también un gran interés histórico y etnográfico. De estas colecciones, la realizada por Juan Pérez, en el año 1774, es la más antigua que se conoce de la Costa Noroeste americana [11]. Además, en 1779 fueron a esta zona, acompañados por el botánico José Mariano Mociño [12], los navegantes Ignacio Arteaga y Juan de la Bodega y Quadra, y en el año 1789 Esteban Martínez, recogiendo cada expedición su colección [13, 14, 15]. Requiere mención aparte el viaje científico que tuvo lugar entre los años 1789 y 1794 al mando de Alejandro Malaspina, la más importante expedición llevada a cabo por España en este momento, de envergadura similar a las efectuadas por Cook o por Bougainville. Aunque en esta expedición se reúnen muchas piezas con destino al Real Gabinete, como demuestran las listas de envíos y los diarios de los expedicionarios, una buena parte de ellas nunca debieron llegar a su destino ya que las descripciones de muchos documentos no concuerdan con los objetos hoy conservados. Probable-

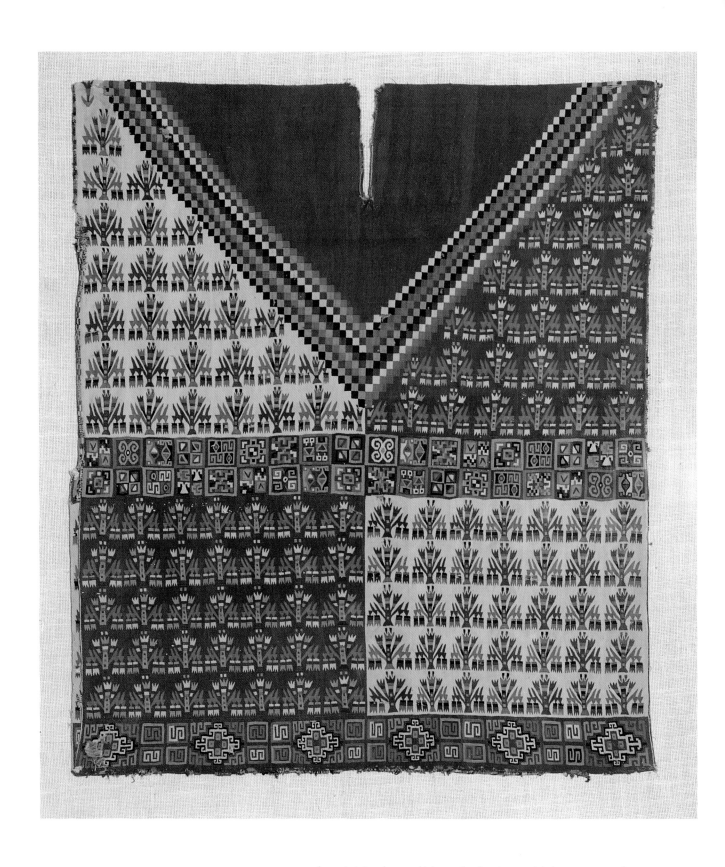

9 – Camisa de algodón ricamente labrada con flores asociadas a la realeza Inca. Fue hallada en una excavación realizada en las ruinas de Pachacámac, cercanas a Lima, Perú, en el transcurso de la expedición botánica realizada por Ruiz y Pavón (1777-1788). Cultura Inca (1400-1533 d.C.).

mente las vicisitudes políticas de la época hicieron que al menos una parte de la colección no llegase al Real Gabinete, debiendo haberse dispersado o confundido con otras colecciones similares. La mayoría de los dibujos realizados durante el transcurso de esta expedición fueron recuperados en el siglo XX por Carlos Sanz y donados posteriormente a este Museo [16].

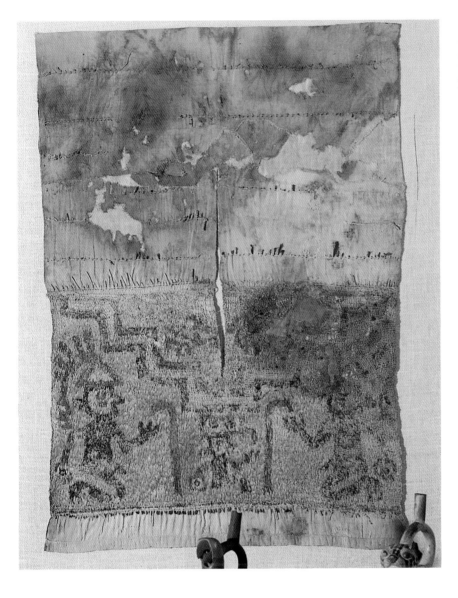

10 – Camisa de fibra vegetal y plumas decorada con esquemáticos personajes afrontados. Fue recogida por la expedición Ruiz y Pavón en el siglo XVIII. Perú, Período Intermedio Tardío u Horizonte Tardío (1000-1533 d.C.).

11 – Amuleto recogido por el navegante Juan Pérez, en 1774, en el primer viaje exploratorio español a la Costa Noroeste norteamericana. Indios Tlingit o Haida.

12 – Mascarón de madera usado por los indios Nutka a la entrada de las viviendas, iconografía que posteriormente dio lugar a los postes heráldicos o totémicos. Recogido por el botánico Mociño en 1791. Canadá, isla de Vancouver.

13 – Sombrero de jefe de balleneros de los indios Nutka. Recogido en la isla de Vancouver por una de las expediciones realizadas a la Costa Noroeste americana, a finales del siglo XVIII.

14 – Cesto utilizado por los indios Chumash de California. Recogido en uno de los viajes exploratorios a finales del siglo XVIII.

Francisco Antonio de Lorenzana, obispo de México entre los años 1766 y 1772, y posterior arzobispo de Toledo, reunió una breve pero excelente colección de objetos de los indios de las Praderas de Norteamérica, una de las más antiguas colecciones existentes en el mundo [17]. A ésta debe unirse la que había reunido en su gabinete, entre 1740 y 1762, Pedro Franco Dávila y que constaba, entre otras piezas arqueológicas y etnográficas americanas, de una serie de objetos indígenas procedentes de Canadá, zona entonces en pleno descubrimiento al igual que las grandes llanuras norteamericanas.

La recogida de piezas y apuntes etnográficos se completó, a finales del siglo XVIII, gracias a los viajes exploratorios que realizaron al estrecho de Magallanes en 1785 y 1786 Antonio de Córdoba y Dionisio Alcalá Galiano, y en los años 1788 y 1789 Ciriaco de Cevallos y Cosme Damián Churruca junto con los anteriormente mencionados. También contribuyó a la recogida de dichas piezas la expedición que en el año 1749, y a instacias del Real Gabinete, realizaron al Perú los hermanos Heuland, lugar del que se obtuvieron numerosos objetos arqueológicos.

Viajes como el ya mencionado de Malaspina y otros recogieron, además, colecciones de diversos lugares de Oceanía, debiendo mencionarse –tanto por la rareza de los objetos como por la situación en que fueron acopiados– los mantos, capas y cascos de plumas de Hawai. Estos fueron

15 – Casco y collera de madera con incrustaciones de concha y crin que representa a un lobo. Fabricado por los indios Tlingit de la costa noroeste americana y recogido por una de las expediciones españolas realizada a finales del siglo XVIII.

16 – Vista del Remate del Canal de Salamanca y sospechoso seguimiento de los Yndios. Dibujo realizado por Fernando Brambila durante la expedición científica comandada por Alejandro Malaspina (1789-1794).

Vista del Remate del Canal de Salamanca y sospechoso seguimiento de los Yndios

aparentemente tomados en el año 1789 y en la isla de Vancouver por Esteban Martínez al capitán de la marina inglesa James Colnett durante el conflicto de Nutka [18]. La expedición de Malaspina y sobre todo el naturalista Juan de Cuéllar remitieron desde Filipinas importantes colecciones, algunas de manufactura china o malasia, que se conservan hoy y en parte se exponen en este Museo [19, 20, 21].

Es importante destacar que el Gabinete de Historia Natural sólo coleccionó piezas indígenas pre y postcolombinas y no objetos de arte colonial. Dichos objetos eran no sólo conocidos sino también usados en la época, resultando pues muy similares a los españoles, por lo que no eran coleccionables en un museo. Por esta razón el Gabinete de Historia Natural sólo reunió algunas pocas piezas coloniales, consideradas más como curiosidades que como arte, ya que ilustraban lo que la América de entonces tenía de diferente con respecto a la metrópoli. De manera que los materiales coloniales del Gabinete se reducían a algún objeto suntuario, a cuatro grandes bateas de madera lacada, trabajo típicamente mexicano [22], a seis pequeños cuadros de devoción realizados con plu-

17 – Piel con pictogramas de los indios de las cercanías del río Colorado, Estados Unidos, recogido en el siglo XVIII y perteneciente a la colección del que fue obispo de México, Antonio de Lorenzana.

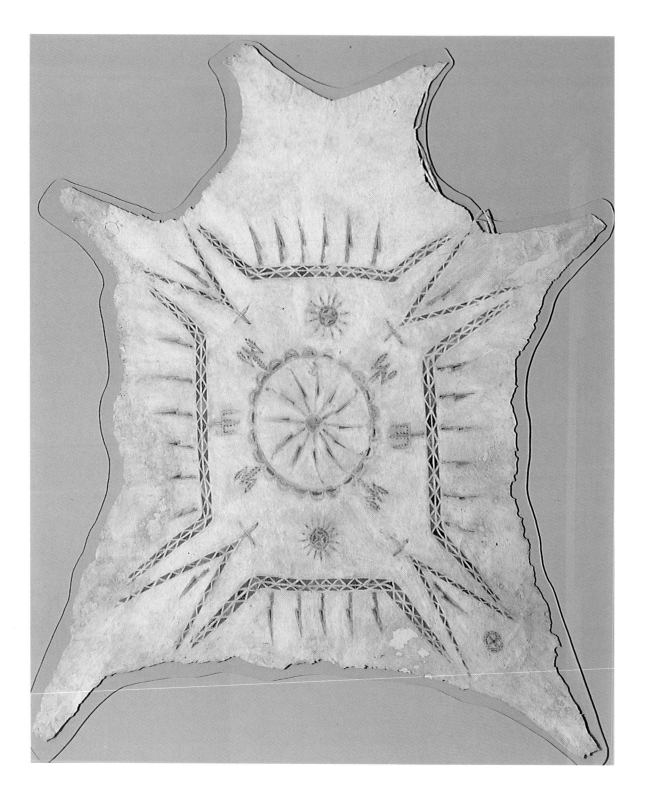

18 – Capa y sombrero de plumas de las islas Hawaii tomados a un barco inglés procedente de dichas islas. Este hecho ocurrió en 1789 en la isla de Vancouver y colocó a España e Inglaterra al borde de la guerra.

mas y a dos series de cuadros con personajes locales. Una de estas series está compuesta por diecinueve cuadros llamados de mestizaje, en los que se muestran las diferentes mezclas de razas humanas existentes en la sociedad mexicana del siglo XVIII. Con esto se evidencia, pues, lo que étnicamente tenía de diferente esta sociedad con respecto a la española de aquel entonces [23]. La otra es una bella serie de seis cuadros de la escuela quiteña del mismo siglo XVIII pintados por Vicente Albán en la que se muestran distintos tipos humanos, indios y criollos ataviados con sus exóticas vestiduras y retratados junto con las frutas y animales propios del lugar [24].

19 – Escudo de madera de los Maranao de la isla de Mindanao, Filipinas. Probablemente es uno de los dos que había en el Gabinete y que fueron recogidos en 1794 por la expedición Malaspina.

20 – Conjunto de adornos, hechos con conchas nacaradas y láminas de madreperla, usados en las ceremonias funerarias de Tahití a finales del siglo XVIII. Recogido en ésta época durante algún viaje exploratorio o científico.

La invasión napoleónica, las sucesivas independencias de las colonias americanas y la conflictiva situación política española hicieron que, durante toda la primera mitad del siglo XIX, las colecciones americanas no aumentasen. El Gabinete de Historia Natural se dedicó a realizar actividades de docencia e investigación en el terreno de la zoología y otras ciencias naturales, pasando desde entonces a denominarse dicho organismo Museo de Ciencias Naturales, nombre que todavía hoy conserva.

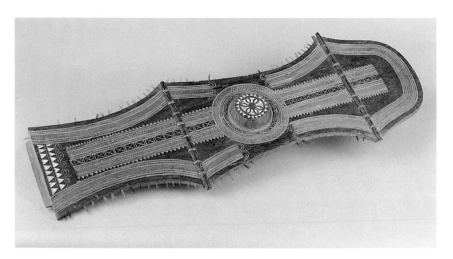

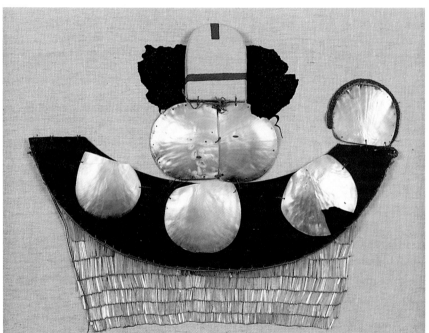

21 – Conjunto de muebles con incrustaciones de mármol y nácar hechos en China a finales del siglo XVIII o en el siglo XIX. Debieron ser exportados luego a Filipinas por la comunidad china-filipina.

22 – Batea de madera lacada. Estos objetos, de gran aceptación en México, utilizan técnicas de raíz indígena. Michoacán, siglo XVIII.

23 – *De Español y Alvina, nace, Torna atrás.* Séptimo de una serie de dieciséis lienzos de mestizaje pintados en México por Andrés de Islas en 1774.

24 – *Yapanga o prostituta de Quito.*
Óleo sobre lienzo pintado en 1783
por Vicente Albán, que forma parte
de una serie de seis cuadros que
muestran los tipos humanos, la flora y
la fauna ecuatorianos.

A. Yapanga de Quito con el trage
que vsa esta clase de Mugeres que tratan
de agradar.

B. Arvol llamado Capulie, que es mui robusto, y frondoso.

C. Fruta del Capulie.

D. Chirimoyas enteras. y àviertas. es Fruta mui delieiosa.

E. El Arvol que Produce las chirimoyas.

F. Caymitos enteros y aviertos.

G. Arvolito que Produce las Frutillas, y son una especie de Fresas como las de españa, pero mucho
mas Gruesas y dulces.

25 – *Cris*, espada distintiva del jefe de los Moros o grupos musulmanes de la isla de Mindanao, Filipinas, aparentementerecogido a finales del siglo XVIII. Y detalle.

4. Reordenación de las colecciones, y nuevas formas de acopio y exposición

La segunda mitad del siglo XIX se caracterizó por una política de reorganización de las colecciones, por la centralización de los materiales americanos dispersos en un único museo, por el inicio de las exposiciones americanas y por la aparición de nuevas formas de acopio, tales como las donaciones y las compras.

En 1867 se fundó el Museo Arqueológico Nacional, lugar al que pasaron todas las colecciones históricas del Museo de Ciencias Naturales como las antigüedades y curiosidades, entre las que estaban la mayoría de los objetos americanos a los que hasta ahora venimos haciendo alusión, y no la fauna o los minerales. También se incluyeron en este Museo las colecciones de la Academia de la Historia y los de la Biblioteca Nacional, que era la antigua Real Librería de Felipe V y que tenía algunos objetos americanos. En el Museo Arqueológico las colecciones americanas se guardaban y exponían junto a las de Oceanía y Filipinas, lo que hoy todavía sucede en el Museo de América. Estos materiales habían sido igualmente recogidos por naturalistas en el transcurso de expediciones científicas del XVIII e incluso en otras posteriores, conformando todos éstos la Sección de Etnografía [25, 21].

Empezó entonces una época muy activa para la museología continuándose con la política de centralización de colecciones desperdigadas en diversas instituciones. Tal es el caso de la formada por el infante de Borbón y el cardenal Lorenzana, que permanecía todavía en Toledo y contenía una serie de objetos de los indios de Norteamérica recogidos en el siglo anterior. Por la misma razón ingresaron, años más tarde, una buena parte de las colecciones del Museo-Biblioteca de Ultramar, creado en 1887 en el actual Pabellón de Velázquez del Retiro a raíz de una gran exposición sobre Filipinas y otras antiguas colonias, y cerrado muy poco después. El Museo de Ciencias Naturales, que había patrocinado la expedición Científica al Pacífico realizada entre 1862 y 1866, aportó la mayor parte de los objetos históricos y etnográficos en ella recogidos tras haberlos expuesto en el Jardín Botánico. También donó su importante colección privada Marcos Jiménez de la Espada, el americanista más importante del momento, que había sido miembro de la mencionada expedición. De manera que de esta expedición ingresaron tanto objetos etnográficos procedentes de las diversas zonas que habían visitado, sobre todo del área amazónica [26] y de Oceanía, como materiales arqueológicos, fundamentalmente peruanos.

En esta política de acopio y centralización de colecciones se estimularon las donaciones de particulares y de instituciones, siendo buen ejemplo el ya mencionado de la Expedición Científica al Pacífico. Algunas fueron donaciones extranjeras procedentes tanto de algunos gobiernos americanos –tales como los de Perú, Colombia o Estados Unidos– como incluso de particulares. Todos ellos regalaron parte o la totalidad de los objetos históricos o etnográficos que llevaron a la exposición de 1892. En este momento se efectuaron también las primeras compras, entre las que destacan las referentes a las dos partes en que se hallaba dividido el códice maya Tro cortesiano. El primero en adquirirse fue el fragmento cortesiano al coleccionista Miró y posteriormente, el fragmento troano al heredero del archivero Juan de Tro y Ortolano, fracción que, por otra parte, fue la primera en ser conocida y publicada [27]. También surgieron en esta segunda mitad del siglo xix las primeras publicaciones científicas, o con pretensiones de serlo, sobre las colecciones americanas. Entre ellas son de destacar los artículos recogidos en la revista Museo Español de Antigüedades y los datos que aportan las guías del Museo Arqueológico Nacional.

Las coleciones americanas se expusieron varias veces durante la segunda mitad el siglo xix, siglo éste en el que se iniciaron las grandes exposiciones universales. La primera vez que se exhibieron fue en el año 1781, en las primeras y provisionales instalaciones del Museo Arqueológico Nacional, junto con todos los materiales de la Sección de Etnografía. Según se deduce de las publicaciones de la época, éstas se debieron de exhibir completas y su ordenación debió de ser similar a la que figuraba en un antiguo catálogo de 1860, cuando éstas todavía estaban en el Museo de Ciencias. Así, los materiales americanos y oceánicos se dividían según su función y no por culturas y cronologías, ya que entonces no había conocimientos científicos que permitieran su diferenciación o su periodización. Es decir, se debieron de mantener los criterios expositivos propios de los antiguos Gabinetes de Historia Natural.

La Exposición Americanista, que se realizó con motivo del iv Congreso Internacional de Americanistas de 1881, fue la segunda llevada a cabo. Es interesante observar la pugna que hubo entre la necesidad de ordenar los materiales siguiendo el criterio nuevo y propio de la época, conforme a periodos históricos y áreas geográfico-culturales, y el esfuerzo por acopiar una ingente cantidad de objetos relacionados con América. Dicha exposición resultó un cúmulo poco organizado de materiales debido al escaso tiempo del que dispuso la comisión organizadora para su montaje, a las numerosas y dispersas colecciones públicas y privadas que se sacaron a la luz, a la inexistencia de un orden para clasificarlas y al escaso conocimiento que entonces se tenía sobre la historia antigua

26 – Tocado de plumas de los indios
Mundurukú del Amazonas brasileño. Fue
recogido en el transcurso de la expedición
científica al Pacífico (1862-1866).

de América y su periodización. Esto llevó a que la comisión organizadora, consciente de sus limitaciones, se negase a publicar un catálogo, editando en su lugar una lista exhaustiva de los objetos expuestos.

La exposición Histórico-Americana fue la tercera que se mostró. Realizada en 1892 en los actuales locales del Museo Arqueológico Nacional, entonces todavía no inaugurados, fue la exhibición conmemorativa del Cuarto Centenario del Descubrimiento de América. Cada país americano eligió el tipo de exposición con la que se presentaba y sólo algunos expusieron colecciones arqueológicas, unas privadas y otras públicas re-

27 – *Códice Tro-Cortesiano*, libro maya hecho
entre los siglos XIII y XVI, que fue descubierto
en España a finales del siglo XIX.

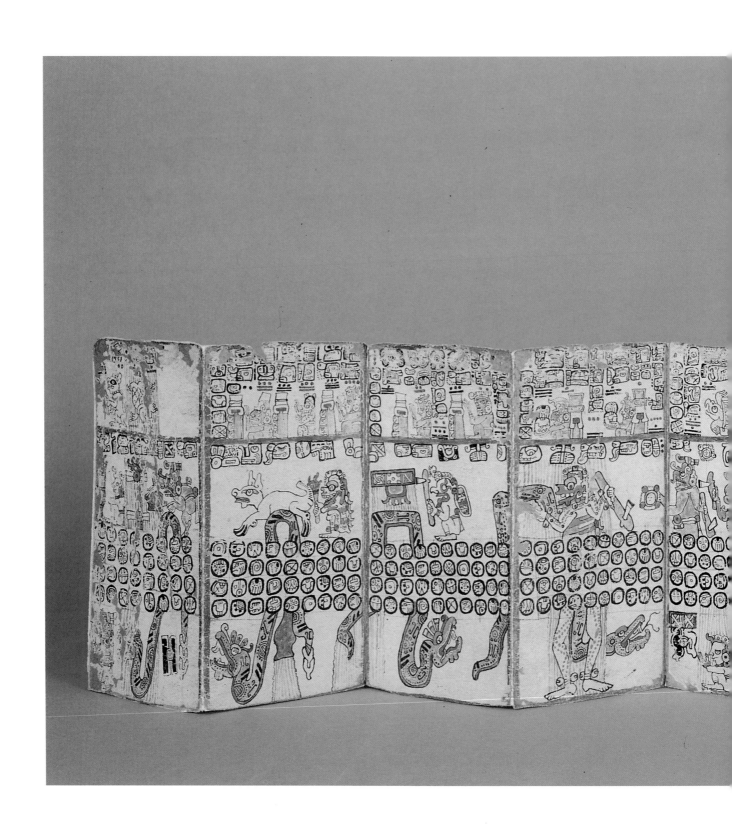

28 – Vasija utilizada en la ceremonia del agua por los indios Pueblo, del Suroeste de Estados Unidos, en el siglo XIX. Fue donada a raíz de la exposición de 1892, conmemorativa del IV Centenario del Descubrimiento de América.

cién descubiertas, que acabaron donando. Tal fue el caso de la colección lítica y la de objetos indígenas de los indios del sudoeste americano regalada por el gobierno de los Estados Unidos [28], o la de arqueología, mayoritariamente norperuana y compuesta por objetos muy diversos, ofrecida por el gobierno del Perú. Entre todas estas donaciones destaca, por su importancia, la colección de ciento veinte piezas de oro donadas por el gobierno colombiano que constituyen el denominado Tesoro de los Quimbayas. Este tesoro, el más completo y de mayor belleza que hasta el presente haya salido a luz [29, 30], se expuso junto a una variada colección de cerámicas arqueológicas, colección ésta cuidadosamente recogida y trasladada posteriormente a la exposición de Chicago, en donde se quedó como regalo. El criterio de ordenación de estos materiales supuso el primer intento clasificatorio de las culturas indígenas locales, criterio que aún hoy continúa en parte vigente.

En la exposición de 1892 España eligió exponer los objetos americanos que obraban en el país, tanto los que estaban en el Museo como otros de particulares, parte de los cuales acabaron ingresando en el mismo. Es de suponer que la experiencia de la anterior Exposición Americanista influyó en la forma en que España expuso los materiales americanos al

29 – Cacique de oro que fue encontrado, junto con el resto del Tesoro de los Quimbayas, en dos tumbas contiguas en Filandia, Colombia, y que se contempló por primera vez en la exposición de 1892.

30 – Vaso de oro en forma de calabaza, probablemente usado para contener la cal que potencia el efecto de la hoja de coca al ser mascada. Forma parte del Tesoro de los Quimbayas. Colombia, cultura Quimbaya arqueológica, (200-1000 d.C.).

31 – Recipiente de cerámica roja, hecho en Guadalajara, México, en el siglo XVII y donado en 1884.

32 – Figura de cera perteneciente a una serie de tipos populares. Realizada en México por Andrés García en el siglo XIX y donada en 1877.

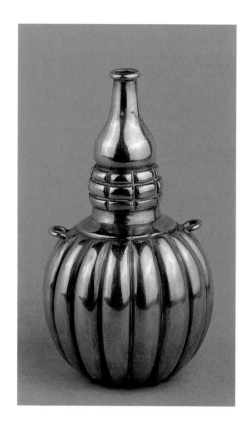

haber transcurrido tan sólo once años desde la anterior exposición y al repetirse en la comisión organizadora muchos nombres de los antiguos coordinadores. En esta ocasión se evitaron los materiales precolombinos y se centraron en exponer lo que llamaron época postcolombina. Esta época incluía objetos coloniales y de etnografía divididos según los países de origen y no conforme a los coleccionistas, que era lo que había sucedido en la anterior exposición, aunque en este caso se indicaba el nombre del propietario de los mismos. El número de objetos presentado por España fue mucho menor que en la anterior ocasión pero, a cambio, éstos aparecieron clasificados, observándose un primer estudio científico de los materiales. Es de destacar cómo en dicha exposición se mezclaron los objetos etnográficos recogidos en el siglo XVIII con los coloniales propiamente dichos, sin existir una diferenciación clara en ciertos momentos entre ellos puesto que lo que regía la ordenación eran criterios cronológicos.

De alguna manera, los materiales coloniales expuestos eran aquéllos que tenían unas características locales que los diferenciaban de sus contemporáneos españoles y americanos, como en el caso de algunas cerámicas y algunas vírgenes locales. Asimismo, se mostraron los que, siguiendo la mentalidad y la manera de coleccionar del Gabinete del siglo XVIII, evidenciaban cómo eran los indios americanos y los distintos tipos de mestizos, es decir, se exhibieron los cuadros de mestizaje mexicanos y quiteños, que ya vimos al hablar del Real Gabinete, debido a su interés etnográfico [22, 23, 24]. Además también figuraron otras colecciones recién ingresadas en el Museo, como la formada por cerca de mil piezas de cerámica mexicana del siglo XVII, donada por la condesa de Oñate [31], y la serie de ciento veintiséis bellas figuras de cera mexicanas del siglo XIX que mostraban los tipos populares de la época [32].

Observamos aquí el momento en que las colecciones virreinales empezaron a formarse y a tomar una cierta identidad. Esto fue debido en parte al mencionado aumento de las piezas y a ser ésta la primera vez en que, al aplicar la cronología como criterio organizativo de los materiales, se separaron las colecciones precolombinas de las etnográficas. Es decir que los materiales indígenas anteriores al contacto europeo –que no se expusieron en esta ocasión– se disociaron de las obras indígenas posteriores al siglo XVI. Estas últimas siempre habían sido ojeto de coleccionismo y se habían reunido, expuesto y estudiado junto a las anteriores como una unidad indisoluble y como exponente único del contraste entre la realidad americana y europea.

33 – Óleo sobre tabla con incrustaciones de nácar, que pertenece a una serie de veinticuatro enconchados en los que se narra la conquista de México, firmado por Miguel y Juan González. México, 1698.

5. Exposición en el Museo Arqueológico y creación del Museo de América

En 1895 se inauguró el Museo Arqueológico Nacional en su actual sede y en él los materiales americanos se expusieron siguiendo un orden cronológico elemental: colecciones precolombinas y postcolombinas. Las primeras, tras una sala con reproducciones de esculturas mexicanas precolombinas, se ordenaron por países tales como Puerto Rico, México, Guatemala, Costa Rica, Colombia, Ecuador y Perú, introduciendo entre las piezas de este último país una especie de apartado con objetos sueltos de diversas zonas. Dichas colecciones no estaban organizadas por culturas sino por tipos o por funciones debido a que la arqueología no había permitido todavía diferenciar las diversas culturas arqueológicas ni hacer cronologías. También existían dos apartados con las dos colecciones más importantes de objetos peruanos arqueológicos: la formada por el obispo Martinez Compañón –a la que habían asignado gran parte de los objetos recogidos en el siglo XVIII– y la donada por D. Rafael Larco Herrera.

Los materiales postcolombinos estaban constituidos fundamentalmente por los objetos de los indígenas de Norteamérica, recogidos en el siglo XVIII, y por los de los indios de Sudamérica, recogidos en el XIX, así como por artesanías procedentes de diferentes lugares. Tal era el caso de las ya mencionadas bateas mexicanas, consideradas hoy como arte colonial, las cuales se exponían junto a las demás artesanías. Así pues, las escasas colecciones coloniales apenas aparecían estructuradas ya que, como sucedía y todavía sucede en Europa, los materiales americanos coleccionados eran los pertenecientes a los pueblos indígenas. En una sala anterior a la de las antigüedades mexicanas aparecía la colección Oñate, compuesta por cerámica mexicana. Contigua a las salas americanas estaba la llamada sala del tesoro donde se exponían, junto a los demás objetos preciosos del museo, algunos tesoros arqueológicos americanos entre los que figuraba el mencionado códice maya Trocortesiano. Adornando sus paredes y junto a una serie de tapices figuraban varias series de cuadros enconchados con escenas de la conquista de México y de la vida de la Virgen [33, 34] así como un retrato de Pizarro. La escasa platería colonial existente figuraba entre su contemporánea europea.

La pérdida en el año 1898 de las últimas colonias de Cuba, Puerto Rico y Filipinas hizo que la sociedad española experimentase un dolido desinterés hacia América y el extremo Oriente, lo que se reflejó en una disminución general del interés americanista y de las actividades de este tipo en el Museo Arqueológico. Este hecho no impidió que se adquiriesen materiales y se donasen algunas colecciones, como la ya mencionada de objetos arqueológicos norperuanos de Larco Herrera. De este modo,

34 – Enconchado que representa una escena de la vida de la Virgen. Pertenece a una serie de seis cuadros que se expusieron con las colecciones americanas desde mediados del siglo XIX. México, finales del siglo XVII o principios del XVIII.

tras el ingreso años después de una notable colección de cerámica peruana nazca y otra de la cultura inca, los materiales arqueológicos centroandinos se convirtieron en los más numerosos y mejor representados del museo.

Pero la situación de distanciamiento existente con respecto a América cambió con la generación siguiente, retomándose el interés perdido por este continente. Así, en el año 1935 y auspiciada por la Academia de la Historia –cuyo presidente Rafael Altamira pretendía crear, y creó, una cátedra de estudios americanistas– se inauguró en el edificio del Museo Arqueológico Nacional una exposición de Arte Inca. Ésta estaba formada por la numerosa y excelente colección de objetos pertenecientes a dicha cultura reunida por el escritor Juan Larrea en su reciente estancia en Cuzco, y que acababa de exponer con gran éxito en el parisino Museo del Trocadero, actualmente Museo del Hombre. Este acontecimiento es de singular importancia ya que es la primera vez que unos objetos indígenas, precolombinos en este caso, son considerados no ya como curiosidades sino como auténticas obras de arte. Recordemos que no es sino hasta principios del siglo XX cuando la escultura de las antiguas culturas africanas empezó a valorarse como arte y hasta bien mediado este siglo cuando al arte indígena americano le sucedió lo mismo. Es en este momento cuando se inició también su sistematización a raíz del estudio de los objetos excavados y de su ordenación en diferentes culturas y, por consiguiente, cuando se empezó a codificar sus normas estéticas, normas todavía hoy en proceso de estudio. Así pues, esta exposición de Arte Inca sirvió de catalizador para que en el Congreso Internacional de Americanistas, celebrado entonces en Sevilla, se acordase apoyar la creación de un museo americano [35].

En el año 1937, ya en plena guerra civil española, el gobierno creó el Museo-Biblioteca de Indias. Al igual que el Archivo de Indias de Sevilla, dicho Museo pretendía recoger y centralizar toda las colecciones de

35 – Copa ceremonial de madera policromada, de la cultura Inca, donada por Juan Larrea en 1937. Perú, siglo XVI.

objetos, láminas botánicas, mapas y planos, así como documentos y libros no sólo americanos sino de todas las antiguas colonias. Además, debía convertirse en un centro de investigación. En él, pues, se deberían de haber centralizado las colecciones del Museo Arqueológico Nacional, del Museo de Ciencias Naturales, de la Academia de la Historia, del Museo Naval, de la Biblioteca Provincial de Toledo y del Palacio Nacional, nombre que recibía entonces el palacio Real al acabar de perder su titularidad regia. Con el objeto de apoyar a este museo y al constitucional Gobierno de la República, entonces en peligro, Juan Larrea donó su colección, pero la guerra y posterior derrota del gobierno impidieron que el proyecto se realizase.

Tampoco llegó a materializarse el Museo Arqueológico de Indias, cuya creación había decretado en 1939 el bando contrario a dicho gobierno y luego ganador de la contienda. En este decreto apenas llegó a indicarse sus fines y contenidos ni tampoco se mencionó la anterior disposición. Dos años más tarde, en 1941, el nuevo gobierno creó, a manera de una incompleta réplica y sin citar los decretos precedentes, el Museo de América. Siguiendo la línea ideológica del momento, el decreto de fundación exponía que su área de acción sería América y su fin, patentizar la gesta del descubrimiento. Igualmente, estudiar las culturas indígenas, el arte colonial y la obra misional de los cronistas y de los jurisconsultos. Las colecciones fundacionales fueron las de la Sección de Etnografía del Museo Arqueológico Nacional. Aunque el decreto fundacional no citaba las colecciones oceánicas, los objetos filipinos y de las islas del Pacífico pasaron, junto con los americanos, al nuevo Museo de América. Esto parece indicar que el nuevo museo continuaba siendo concebido como de Indias, ya que América e Indias fueron, hasta hace no muchas décadas, sinónimos que identificaban las tierras donde estuvieron las antiguas colonias de ultramar. De hecho no debemos olvidar que la mayoría de las colecciones oceánicas se recogieron en viajes organizados desde América o en el transcurso de diversas expediciones por este continente y por el Pacífico, es decir, en las antiguas Indias.

36 – Patio interior ajardinado del Museo.

36 – Patio interior ajardinado del Museo.

6. Primera etapa del Museo de América

En tanto se construía un edificio propio, el recién nacido Museo se instaló en el ala izquierda de la planta principal del Museo Arqueológico Nacional, inaugurándose el 13 de julio de 1944. En esta instalación, considerada como provisional, se destinaron siete salas a exponer lo más selecto de los fondos prehispánicos y cuatro a los de arte colonial. Debió ser la primera vez que de manera deliberada no se expusieron todos los fondos, debido tanto a la amplitud de las colecciones como al surgimiento de nuevos criterios expositivos que pedían la no acumulación de objetos, lo que era cosa habitual en los antiguos museos.

La idea de un edificio propio para este Museo se inspiró en el ya mencionado decreto republicano del año 1937, conservándose de él el plan de su emplazamiento en la Ciudad Universitaria. En 1943 se encargó el proyecto de la actual sede del Museo a los arquitectos Luis Moya y Luis Martínez Feduchi, empezándose la obra el mismo año y acabándose en 1954. No obstante, no se llegaron a construir algunas partes proyectadas, como los actuales claustros y la esquina noroeste que fue concebida como iglesia. El nuevo edificio, siguiendo la ideología del decreto fundacional, pretendía sugerir la idea de la labor misionera y civilizadora de España en América. Por esta razón se concibió en un estilo historicista y neocolonial con un arco en la fachada, una torre que sugiere las de las iglesias barrocas americanas y una disposición conventual. Dicha disposición se observa tanto en las salas de exposición, que giran en torno a un claustro central ajardinado, como en el edificio anejo de servicios, que se estructura alrededor de un patio hoy convertido en sala de lectura. Unas originales bóvedas fabricadas en ladrillo, todas ellas diferentes, adornan las salas y algunas dependencias, subrayando el carácter historicista y prestando al Museo un especial y singular sentido del espacio y de la belleza [36].

En 1962 se inició el traslado de las colecciones al nuevo edificio, inaugurándose en el año 1965 con motivo de otro Congreso Internacional de Americanistas. Su disposición expositiva era prácticamente idéntica a la que tenía en la anterior sede, la cual continuó con algunos pocos añadidos hasta 1980. La exposición estaba estructurada siguiendo tres grandes divisiones, según el tipo de las colecciones: arqueología, colonial y etnografía. También se añadió un tema monográfico múltiple dedicado a resaltar tanto el papel de España en América como el de las instituciones allí introducidas. En la planta alta se desplegaban las salas precolombinas, exponiéndose solamente una pequeña parte de estos materiales: peruanos en un ala y mexicanos y centroamericanos en otra. Precediendo a estas últimas salas estaba la llamada sala del tesoro que mostraba la

37 – Cabeza humana reducida por los indios Jíbaros de la Amazonía peruana. Estos indios continuaron la tradición de varios pueblos indígenas precolombinos de cortar las cabezas del enemigo y usarlas como trofeo.

38 – Momia envuelta en ricos vestidos, tocada con una especie de turbante y adornada con un abanico de plumas, collares y nariguera, a modo de máscara bucal de oro. Estaba acompañada por un costurero con utensilios de tejer y un gran manto [fig. 87]. Perú, cultura Paracas (400 a.C.-100 d.C.).

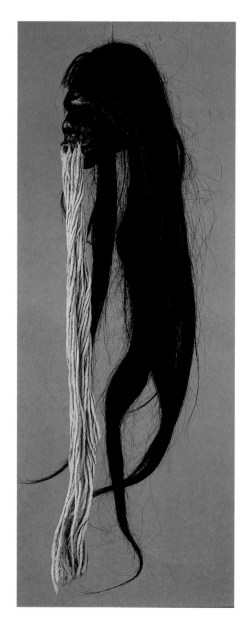

orfebrería precolombina. Tras esta sala y la de arqueología centroamericana se sucedían unos amplios salones de arte colonial, cuyas obras estaban dispuestas por temas y conforme a criterios estéticos.

Los temas monográficos aparecían unos en la planta alta con dos salas que conmemoraban a Isabel la Católica y a Colón y el descubrimiento, salas que no tenían piezas originales y que precedían a las salas precolombinas. Otros temas monográficos se encontraban en la planta primera, como los dedicados a las leyes de Indias o a diversas instituciones europeas implantadas en América por los españoles. En otra sala, llamada de etnografía y situada en la planta baja, se mezclaban objetos procedentes de la Costa Noroeste americana junto con plumería amazónica. Había también estatuas filipinas de antepasados junto a mantos de plumas hawaiianos, o una momia peruana con su ajuar [38] al lado de unas cabezas reducidas de los jíbaros [37] y de un gran tapiz de corteza del siglo XVIII procedente de Tonga. En las escaleras, algunas panoplias con armas de todas las procedencias seguían la antigua tradición expositiva de estos materiales. Con el transcurrir de los años se abrieron de manera temporal salas dedicadas específicamente a países como Argentina y Chile, exponiéndose en ellas objetos muy diversos donados o depositados temporalmente.

39 – Óleo sobre tabla con incrustaciones de nácar que representa el bautismo de Cristo. Forma parte de una serie de venticuatro cuadros enconchados alusivos a la vida de Cristo. Este tipo de cuadros se realizaron en México a finales del siglo XVII y principios del XVIII.

40 – San José perteneciente al conjunto de figuras de un nacimiento de la escuela quiteña. Ecuador, del siglo XVIII.

41 – Óleo que representa la entrada del arzobispo virrey Morcillo en Potosí, hoy Bolivia. Pintado en 1716 por Melchor Pérez Holguín.

Respondiendo a una de las directrices fundacionales del museo en los años 1940 y 1950, aumentaron notablemente las colecciones de arte colonial, que adquirieron por primera vez una entidad propia. Ésta es la razón por la que el Museo de América comenzó a diferenciarse de todos los demás museos, tanto europeos como americanos, ya que en ninguno de ellos aparecen expuestas las colecciones de arte colonial junto con las precolombinas o etnográficas. Tanto es así que en los museos europeos y norteamericanos prácticamente no existen objetos coloniales. En el resto de los países americanos, el arte colonial se suele exhibir en museos de bellas artes, mientras que el precolombino y los objetos etnográficos se muestran en museos arqueológicos o antropológicos.

En los mencionados años ingresó una importante colección de pintura mexicana de los siglos XVII y XVIII, destacando una de las series de encon-

chados de la conquista de México y de la vida de Cristo [39] o de la Virgen, además de retratos y dos magníficos biombos con escenas costumbristas. Entró también escultura quiteña [40], pintura andina, debiendo mencionarse el cuadro de la Entrada del virrey Morcillo en Potosí, de Melchor Pérez Holguín [41]. Ingresó además, platería sobre todo peruana, y ya en el año 1961 cabe destacar la donación efectuada por Carlos Sanz. Ésta consiste en una buena parte en los dibujos realizados durante la expedición comandada por Alejandro Malaspina a finales del siglo XVIII [42, 16]. En 1948 se adquirió el denominado Códice Tudela, manuscrito azteca hecho tras la conquista [43]. En el transcurso de los siguientes años continuaron ingresando objetos de pintura y platería colonial tales como otras series de cuadros de mestizaje y de enconchados. Además encontramos piezas precolombinas –como una colección de orfebrería costaricense [44], varias colecciones ecuatorianas [45], alguna

Entrada del Arzobispo virrey Morcillo en
Potosí, detalle [41]

42 – Árbol de la Canela, dibujo botánico
realizado en el transcurso de la expedición
Malaspina (1789-1794) y donado, junto al
resto de los dibujos de esta expedición, por
Carlos Sanz en 1961.

43 – *Códice Tudela*, o del Museo de América.
Realizado en 1553 por escribas aztecas, con
anotaciones en castellano, describe el
calendario religioso mexicano.

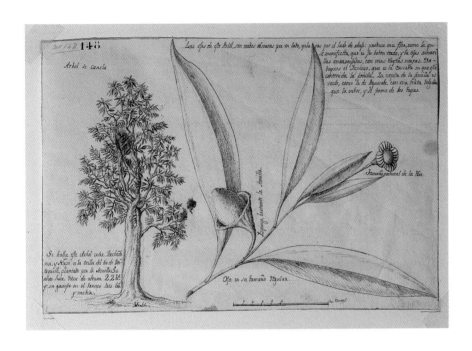

44 – Colgante de oro que representa a un chamán con máscara de cocodrilo rodeado de representaciones esquemáticas de cabezas de saurio. Sudoeste de Costa Rica, (1000-1500 d.C.).

45 – Personaje de cerámica. Aparece sentado en un asiento ceremonial, como corresponde a un jefe, y está adornado con un gran tocado, similar a los que hoy usan algunos indígenas de la cordillera. Ecuador, cultura Manteña, (500-1500 d.C.).

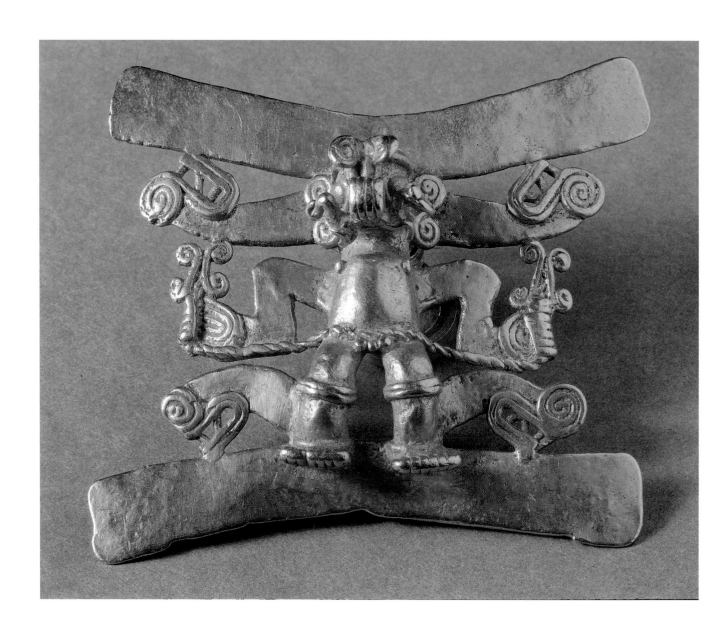

46 – Vasija de cerámica en forma de calabaza sostenida por tres pies que figuran aves. Estilo Colima, Occidente de México. (100-700 d.C.).

colombiana y otras dos de objetos mexicanos en su mayoría [46]– y materiales etnográficos tales como objetos amazónicos y máscaras y vestidos guatemaltecos [47].

Cuando el Museo de América se inauguró en el actual edificio, a éste le faltaban, como ya dijimos, algunas partes. Pese a ello, no se ocupó sino de manera parcial, compartiéndose el espacio con una orden religiosa que vivió en él durante unos años y una parroquia que se instaló en la sala destinada a exposiciones temporales. Posteriormente se ubicó en él el Museo de Reproducciones Artísticas y después el Instituto de Restauración y Conservación de Obras de Arte, así como la Escuela de Restauración cuando ésta se creó. Será en el año 1981 cuando se cierren sus puertas para completar las obras pendientes e ir desalojando poco a poco a las mencionadas instituciones y adecuar todo el edificio para museo.

48 – Vista de una sala del Museo dedicada a las sociedades igualitarias, en la que puede apreciarse una vivienda de musgo ártica.

7. El Museo de América a finales del siglo XX

En la breve historia que posee el Museo de América se observan dos etapas. La primera engloba tanto su instalación dentro del Museo Arqueológico como en su actual edificio en la Ciudad Universitaria, ya que el traslado no afectó a su instalación museográfica, que se repitió sin apenas cambios en su nueva sede. Tampoco afectó a su estructura organizativa interna ni a sus fines, que continuaron todos ellos siendo los mismos: los estipulados en el decreto de creación del Museo en el año 1941. No obstante, éstos habían empezado a diluirse con el transcurso del tiempo, iniciándose una etapa de transición en los años ochenta, cuando comenzaron las obras de reforma del edificio. Esta primera etapa es la que hemos visto en el anterior apartado.

La segunda etapa, que se iniciaría en 1981, se caracteriza por una década de cierre del edificio para su reestructuración y reforma. La recuperación del mismo fue lenta, ya que las instituciones en él instaladas tuvieron que buscar acomodo y realizar, a su vez, obras de reforma en sus nuevas sedes antes de poder trasladarse a ellas. Dicha etapa de inventario y catalogación de los materiales, así como de nuevas exposiciones, estuvo seguida de dos o tres años de arranque hacia la reapertura del nuevo museo. En este momento tuvo lugar su reorganización interna así como la preparación de los trabajos de montaje, que han desembocado en la apertura de las salas de exposición y otros servicios en 1994. Entre estos últimos, merece especial mención la creación de la Asociación de Amigos del Museo de América, que aglutina a todos aquellos profesionales y aficionados que se interesan activamente por el arte y las culturas americanas. Existen además una serie de servicios destinados tanto al especialista como al visitante, tales como una librería y un colectivo de guías que enseñan el museo gratuitamente. Dentro del apartado docente e investigador se organizan también diversas actividades a lo largo del año como conferencias, proyecciones audiovisuales, ciclos de folclore y cursos y seminarios especializados.

A mediados de 1981 el Museo recibió el encargo de elaborar un proyecto de montaje de las salas de exposición permanentes planteándose dos posibilidades. La primera consistía en la ordenación de las colecciones siguiendo un criterio cronológico y una división en grandes áreas geográfico-culturales, es decir, salas arqueológicas, coloniales y etnográficas subdivididas en áreas. La segunda, en estructurar la exposición en varios temas monográficos que también dieran una idea de la diversidad de América. Aquélla era la opción que nunca se había podido llevar a cabo, la que suelen seguir la mayoría de los museos y la que el público entendería fácilmente, pero cuyas pautas expositivas no aportarían ninguna novedad. La referente a los temas monográficos resultaba complicada para el montaje definitivo de este museo, ya que se trataba de un centro de gran envergadura destinado a mostrar el continente americano a personas que, generalmente, desconocen tanto las culturas indígenas como sus hechos históricos, incluidos aquellos en los que España intervino.

Finalmente se optó por el desafío del montaje siguiendo el discurso de los temas monográficos, debiendo entre todos ellos mostrarse la compleja realidad americana a través de las colecciones que posee el Museo. Además, el enfoque que presidiría su selección y estructura interna sería antropológico, dado que América es estudiada por los mismos americanos a través de esta disciplina. A ello había que añadir que cada tema monográfico o área expositiva debía tener una unidad en sí mismo y debía estar a su vez en relación con los demás. Así, el visitante podría optar por recorrer ordenadamente todo el Museo, una sola área o un grupo de ellas. Después de algunos ensayos y ajustes los conservadores y diseñadores configuraron el actual montaje con cinco áreas expositivas, cuyo contenido veremos a continuación.

8. Una visita a la exposición

La primera de dichas áreas, denominada *El conocimiento de América*, trata de cómo fue conociéndose América a través de los cronistas de Indias, de las expediciones científicas, de la cartografía y de los Gabinetes de Historia Natural, y de cómo su imagen se fue incorporando al resto del mundo entonces conocido. Completa esta primera área de conocimiento del Museo una selección de textos de cronistas y viajeros y una serie de objetos ilustrativos procedentes de diversos paises, así como la recreación de un Gabinete de Historia Natural del siglo XVIII y una sala de cartografía. En esta última se nos ofrece la evolución de los conocimientos cartográficos del continente americano desde su descubrimiento hasta nuestros días.

En la segunda, denominada *La realidad de América*, se explica cómo es este continente, cómo se pobló con distintas razas hasta llegar al actual mosaico poblacional y cómo se desarrollaron sus distintas culturas. A través de una gran maqueta del continente y de un interesante audiovisual el visitante puede contemplar tanto sus diversos y acusados contrastes geográficos como su heterogénea flora y fauna. Posteriormente puede conocer de qué manera se poblaron estas tierras, desde sus orígenes hasta la actualidad, y cuáles fueron las principales culturas americanas.

En el área denominada *La Sociedad*, la más extensa, se explican desde una perspectiva evolucionista los distintos tipos de sociedades que se fueron dando en América y que han coexistido durante largas épocas de su historia. En la planta baja aparecen expuestas las denominadas sociedades igualitarias, Bandas y Tribus, y en la planta alta, las sociedades complejas, Jefaturas y Estados. Estas últimas se caracterizan por la aparición del urbanismo, por la existencia de una economía compleja y por una creciente diferenciación social que culmina en la estratificación en clases. Al comienzo de esta extensa área y a modo de introducción, se nos ofrece la llamada sala del *Ciclo Vital*. En ella se muestra cómo el hombre es básicamente igual en todas las sociedades, variando tan sólo la forma de adornarse o de indicar el rango y las maneras de celebrar los ritos de paso que jalonan las distintas etapas de la vida. Entre éstos están el nacimiento y la niñez, la pubertad y la edad adulta, finalizando esta última con la fase de la vejez y el momento de la muerte. En esta parte, al igual que en las restantes áreas, se van exponiendo las piezas conforme lo requiere la narración, mezclándose con frecuencia objetos de diversas culturas y épocas.

En cada una de las partes dedicadas a los cuatro estadíos evolutivos de la sociedad –Bandas, Tribus, Jefaturas y Estados– se exhibe una vivienda, indicativa de la vida cotidiana de sus moradores [48]. También se muestra el tipo de economía característico de cada uno de los mencionados estadíos: caza, pesca y recolección en las Bandas, agricultura y cerámica en las sociedades tribales y tributación, agricultura y comercio especializados en las Jefaturas y Estados. Además se describe cómo se estructuran internamente cada una de estas sociedades, cómo en las igualitarias empieza a sobresalir el jefe y cómo se consolida esta figura en las sociedades regidas por jefaturas. En éstas últimas, a partir de su proximidad con aquél, se comienzan a perfilar grupos diferenciados de poder dentro de la población, los cuales van a evolucionar, en las sociedades estatales, hacia una clara estratificación en clases regidas por un gobernante y un grupo dirigente.

El cuarto apartado, dedicado a *La Religión*, nos introduce en los instrumentos que el hombre utilizó para transmitir y legitimar cada una de sus diferentes realidades culturales. En él se analiza el papel que desempeña la religión, mezclando las representaciones y objetos religiosos indígenas y coloniales. Así pues, en este área se exhiben, junto a los diferentes tipos de espacios sagrados, a los jefes religiosos y reyes divinos, a los dioses de los distintos panteones y a los especialistas sagrados, tales como chamanes y sacerdotes. Para finalizar aparece una amplia muestra de objetos sagrados y de rituales. Tal es el caso de los de sacrificio y de los encargados de garantizar el mantenimiento del mundo, o de los ritos funerarios manifiestos a través del tesoro de los Quimbayas o de la momia de Paracas.

Por último, el área de *La Comunicación* concluye el montaje permanente del Museo introduciendo al visitante en la pluralidad de lenguajes empleados por el hombre americano para registrar y transmitir la información. Éstos abarcan desde las formas pictográficas primitivas y las diferentes manifestaciones de escritura de las altas culturas precolombinas, como los códices maya y azteca que posee el Museo, hasta el lenguaje musical o a la simbología de la iconografía colonial. Finaliza el recorrido de dicha área con un doble audiovisual donde se ofrece una muestra del amplio abanico lingüístico utilizado por los grupos indígenas actuales, así como el desarrollo y el papel que desempeña el idioma español en América.

En cada una de las cinco áreas expositivas, bien sea al comienzo o en el intermedio de las mismas, unos audiovisuales ayudan al visitante y complementan las explicaciones. En el amplio pasillo deambulatorio que rodea al jardín interior, en torno al cual giran las salas de exposición, unas transparencias en la pared le aproximan a la fauna y a la flora más característica del continente americano.

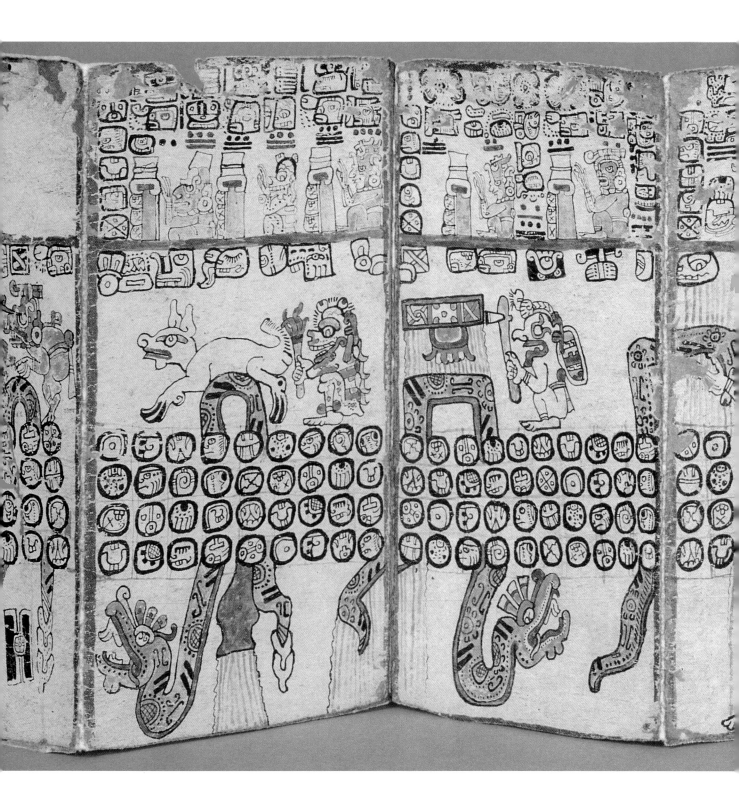

II · LAS COLECCIONES

1. Tipos de piezas expuestas y guardadas

Una vez presentada la historia del museo y de sus colecciones, veremos cuáles y cómo son éstas. Para ello, las dividiremos en tres grandes bloques: las colecciones precolombinas, las coloniales y las etnográficas, tal y como están estructuradas en el Museo para su estudio y catalogación.

Debido a que su división es temática, dichas colecciones difieren entre sí numéricamente aunque, como es sabido, no es la cantidad sino la belleza, calidad, significado o rareza lo que determina la importancia de las mismas. Si bien en algunas ocasiones la inclusión de algunas piezas en uno de los tres grandes grupos puede resultar arbitraria –ya que ésto depende de los criterios utilizados– se puede afirmar que las colecciones etnográficas son las más numerosas seguidas, respectivamente, por las precolombinas y las coloniales. Como puede haberse observado al tratar de la historia del Museo, éste no colecciona obras de arte contemporáneo en el sentido occidental del término, pero sí se ocupa del arte popular, la artesanía y las manufacturas indígenas actuales.

El Museo cuenta, pues, con cerca de veinte mil piezas, unas de primer orden y otras de importancia menor. De ellas, se exponen unas dos mil quinientas, parte de las cuales aparecen en las fotografías de este libro, guardándose el resto en los almacenes tanto a disposición de los investigadores como de ocasionales salidas para formar parte de exposiciones temporales. Una buena parte de estas colecciones no expuestas puede contemplarse también en las diferentes publicaciones que de ellas existen en la librería o en la biblioteca del Museo, bien en los catálogos parciales y en algunos libros que versan sobre dichas colecciones, bien en los catálogos de diversas exposiciones temporales que éste ha organizado con sus fondos, así como los textos de otras exposiciones en las que el Museo colaboró de manera importante. Puede también ayudar a hacerse una idea de las colecciones guardadas el conocer los criterios de selección de las piezas expuestas en las salas ya que, además de que se adaptasen al tema que se estaba relatando, se ha prestado especial atención a exhibir las piezas mejores, bien fuera porque son las más bellas y representativas, las más raras y únicas, las que son cabezas de serie, o bien las más características de un grupo, de una tipología o de una cultura.

Como suele suceder en muchos museos, la mayoría de las piezas carecen de procedencia exacta, por lo que hay que clasificarlas por sus rasgos –asignándolas así a las diferentes culturas o escuelas y, por tanto, adscribiéndolas a un país o países–, de tal forma que la clasificación no siempre es fácil, permaneciendo incluso algunas sin una adscripción cultural clara. Debido a que las excavaciones científicas sistemáticas y los estudios sobre la cultura material de los diversos pueblos indígenas antiguos y de hoy son recientes, no existe una tradición clasificatoria sobre la cual los conservadores de las últimas décadas hayan podido basar su trabajo, habiendo ocurrido algo similar con las colecciones coloniales. El rastreo en archivos ha permitido averiguar la procedencia de antiguas colecciones, situándolas en su contexto histórico o permitiendo conocer con exactitud sus lugares de origen, obteniéndose así una mayor información sobre los objetos y, por lo tanto, un mayor conocimiento y comprensión de los mismos.

49 – Cabeza de jade de la cultura Olmeca.
Sus cejas ígneas lo relacionan con el Dios
Viejo o del fuego. México (1200-400 a.C.)

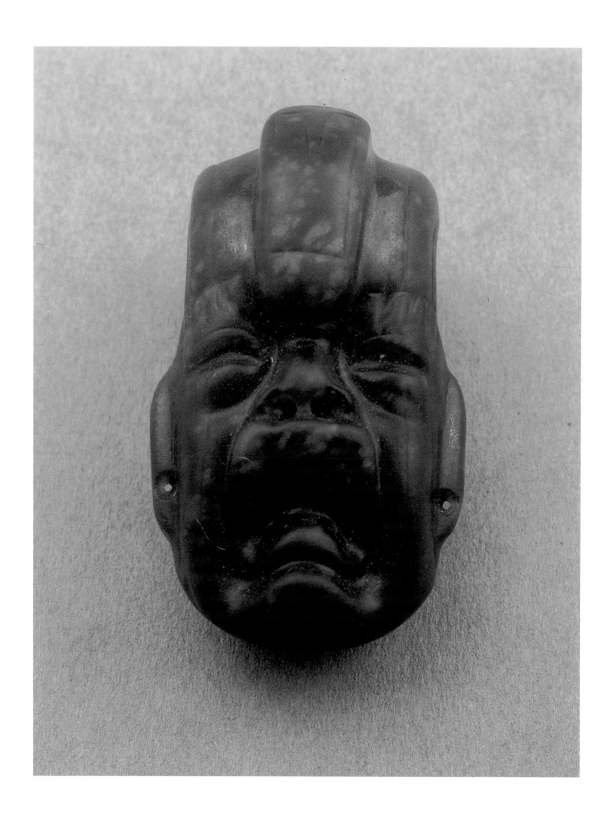

2. Las colecciones precolombinas

La relevancia de las colecciones precolombinas reside tanto en la importancia de algunas de ellas como en su número o en la época en que se recogieron, ya que algunas provienen de las primeras excavaciones realizadas en el siglo XVIII y, por lo tanto, son las únicas de este tipo que existen en el mundo. A continuación describiremos estas colecciones siguiendo áreas geográfico-culturales, sobreentendiéndose que cuando no especificamos la materia en que están hechas las figuras y las vasijas se trata de ejemplares realizados en material cerámico.

De Norteamérica existe una poco común colección de hachas de piedra y otros objetos líticos recogidos en su mayoría por Holmes y donados por el Gobierno de los Estados Unidos tras su exhibición en la exposición conmemorativa del cuarto centenario del descubrimiento de América, en 1892. También se donaron, en las mismas circunstancias, unas vasijas de la zona del sudoeste de dicho país correspondientes a varias épocas, tanto arqueológicas como del siglo XIX, pertenecientes a los indios Pueblo y acopiadas durante la expedición Hemenway [28].

Las colecciones precolombinas del área de Mesoamérica provienen de los actuales países de México, Guatemala, El Salvador y Honduras, y aunque en muchos de los casos no se tiene certeza del país de origen, la mayoría de ellas parecen ser mexicanas.

Del período Preclásico Medio y Tardío (siglo XIII a. C. al cambio de era) hay figuras y algunas vasijas de las culturas Olmeca, Tlatilco y otras que, por sus características, pudieran proceder tanto de México como de Guatemala. Merecen ser destacadas una delicada figurilla sedente de jade o una pequeña cabeza de una divinidad, cuidadosamente trabajada en jade con las cejas ígneas y la característica boca de jaguar, que debió ser la parte central de un rico pectoral [49]. A caballo entre este período y el Clásico (siglo I a.C. a III d.C.), el Museo ha formado en época reciente una colección de objetos procedentes de los estados del Occidente mexicano. Sobresalen las graciosas y anecdóticas figurillas humanas de los estilos Colima y Nayarit, los bellos recipientes de cerámica roja Colima –en su mayoría con forma de animales, sobre todo perros– y las más solemnes, aunque también descripitivas, figuras de personajes humanos de Jalisco y Colima [50, 46].

Del período Clásico (siglo I a X d.C.) hay objetos de diversas culturas de la costa del Golfo de México tales como vasijas y figuras de Remojadas y de El Tajín –con sus características figuras sonrientes en un caso y con aquéllas que conservan los restos de la indeleble pintura negra en otro–, sobresaliendo entre las primeras la representación del dios de la regene-

50 – Pareja compuesta por un hombre y una
mujer sentados en las posturas masculina y
femenina tradicionales. Estilo Nayarit,
Occidente de México (100 a.C. - 250 d.C.).

51 – Xipe-Totec, Nuestro Señor el Desollado, dios de la regeneración de la vida. Aparece vestido con la piel de una víctima, a él sacrificada y desollada, que le cubre el rostro y el cuerpo excepto las manos y pies. Costa del Golfo de México, (100-400 d.C.). Y detalle.

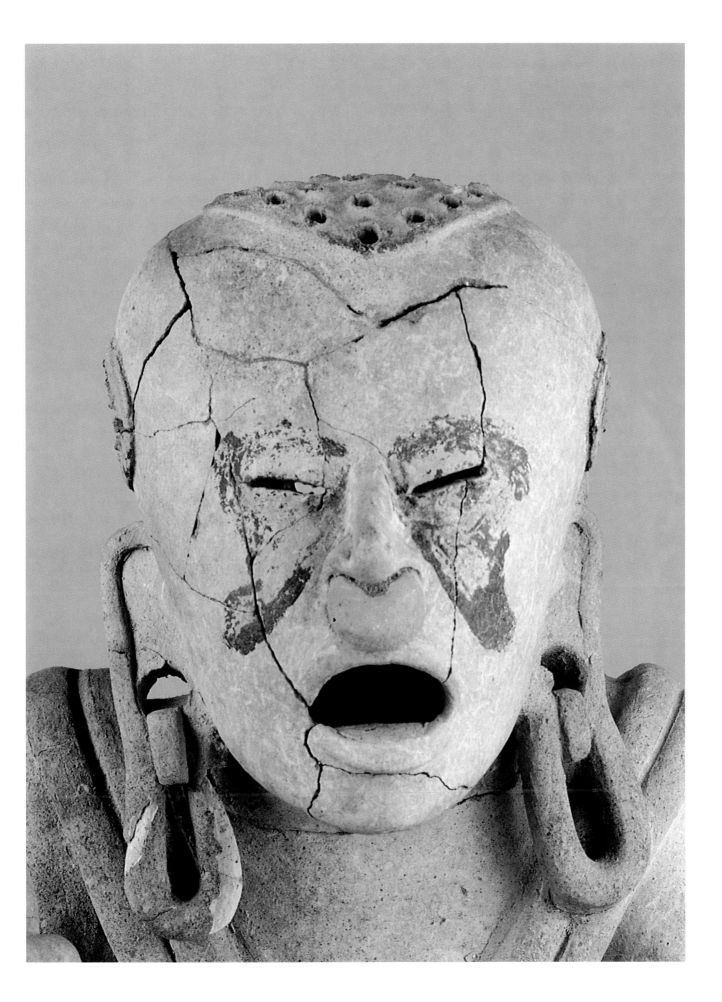

52 – Palma, tipo de escultura cuya forma está inspirada en la del nudo de los taparrabos de los jugadores de pelota. Representa la oposición entre la vida y la muerte, simbolizada por un rostro real y otro descarnado. México, cultura de El Tajín (700-900 d.C.).

53 – Tapadera de incensario decorada con motivos acuáticos y marítimos, medallones florales, estrellas y plumas. En el remate aparecen unos ojos de murciélago, rodeados de plumas, con borlas y unas alas desplegadas. México, cultura Teotihuacana (400-700 d.C.).

54 – Máscara de piedra con rehundimientos en los ojos y boca destinados a alojar las incrustaciones de concha, madera y piedras de colores con el fin de dar vida al rostro. México, cultura Teotihuacana (400-700 d. de C.).

ración y la primavera, Xipe Tótec [51], que se encuentra revestido con la piel de una persona recién desollada y a él sacrificada. Merecen también mención algunas figuras de piedra relacionadas con el votivo juego de pelota, destacando entre estas piezas la palma, escultura votiva de piedra cuya forma parece estar basada en el nudo del rígido cinturón protector que llevaban los participantes en dicho juego. Esta composición está formada por dos perfiles humanos yuxtapuestos, uno correspondiente a una calavera y otro a la faz de un hombre vivo de cuya boca sobresale la voluta indicadora de la palabra, el cántico o la oración [52].

De la cultura teotihuacana, que floreció en el México central entre los siglos i a vii d.C., existen algunas pocas piezas tales como figurillas humanas y vasijas anaranjadas, siendo las más interesantes una tapadera de incensario con abundantes restos de policromía [53] y una cabeza humana de piedra [54]. De la cultura maya, situada fundamentalmente en los actuales países de México y Guatemala, la mayor parte de las piezas pertenecen a la época Clásica. A ella corresponden las halladas en

55 – Bajorrelieve maya conocido como Estela de Madrid, realizada entre el 600 y el 900 d.C. Era una de las dos patas del trono del rey maya de Palenque, México, recogida durante las excavaciones realizadas en 1787.

56 – Plato de cerámica con tres patas sonajas que muestra al dios El Jaguar del Lirio Acuático. Éste se viste con la piel del felino, lleva sobre la frente el lírio acuático y sobre los hombros el pañuelo del sacrificio. México o Guatemala, cultura Maya (600-900 d.C.).

la ciudad de Palenque –provenientes de las ya mencionadas primeras excavaciones científicas hechas en América en el siglo XVIII–, que consisten en muestras de algunos bajorrelieves del palacio y de los templos [6]. Entre ellas destacan dos losas de inscripciones así como las ofrendas fundacionales de los principales templos –formadas por vasijas y puntas y cuchillos de obsidiana–, siendo la pieza más notable, tanto por su composición como por la belleza de su trabajo y por su importancia histórica, el bajorrelieve correspondiente a una de las la patas del trono del soberano de Palenque llamada *estela de Madrid* [55]. Pertenecientes a colecciones formadas en épocas más recientes hay algunas figurillas y una serie de vasos polícromos mayas con escenas cortesanas y con glifos, o con otras decoraciones [56]. Entre estas últimas merece seleccionarse una urna funeraria polícroma con la representación del difunto sentado sobre la tapa y vestido con los atributos de la divinidad solar Kinich Ahau, cuyo rostro aparece modelado en el cuerpo de la vasija [57].

De las culturas Zapoteca y Mixteca, que florecieron en la zona de Oaxaca, la mayoría parece ser del período Postclásico, siglo XI al XVI.

57 – Urna funeraria con el rostro del dios solar Ki-nich Ahau que sale de las fauces de un jaguar, de ojos circulares y orejas sobresalientes que aparecen bajo el borde de la urna. El difunto se encuentra sentado sobre la tapa, llevando un tocado semejante al de la divinidad solar. Guatemala, cultura Maya (600-900 d.C.).

58 – Incensario de cerámica con la imagen del dios de la lluvia Tlaloc. Cultura Tolteca (900-1200 d.C.), en el Occidente de México.

59 – Cabeza de jaguar labrada en cristal de roca de tonos verdes, el color más apreciado en las piedras preciosas. Cultura Azteca o Mixteca tardías. México, siglo XVI.

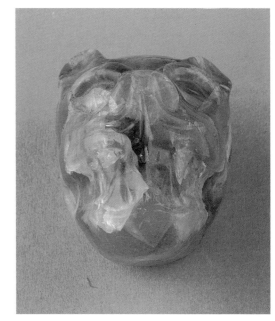

60 – Escultura en piedra de Chalchiuhtlicue, la diosa del agua azteca, representada con la postura y vestimenta femeninas tradicionales. México, finales del siglo XIII o principios del XIV.

Hay algunos vasos polícromos de estilo mixteca-puebla, y también urnas zapotecas, así como determinadas figuras y collares de piedra y plata. De la cultura Tolteca sólo cabe mencionar una notable urna funeraria que representa al dios de la lluvia [58]. Entre las piezas de la cultura azteca tenemos algún sello o pintadera y algún instrumento musical, todos de arcilla, así como figuras de cerámica y piedra. Destacan un adorno labial de cristal de roca, una cabeza de felino realizada en cristal de roca verde [59] y, sobre todo, una bella escultura en piedra de la diosa del agua Chalchihutlicue, tallada con una delicadeza que aparece en escasas representaciones aztecas. Dicha diosa se muestra sentada sobre los talones y con las manos sobre las rodillas –clásica postura de las mujeres–, hallándose ataviada con un rico tocado y con la tradicional vestimenta femenina indígena [60].

Además, no podemos dejar de mencionar los dos códices mexicanos del Museo: El códice Trocortesiano y el códice Tudela. El primero es un manuscrito maya de época tardía, aunque anterior a la conquista, de contenido relacionado con el calendario ritual y ceremonias adivinatorias. Junto con los códices de Dresde y París, éste de Madrid es uno de los tres únicos códices mayas que se conservan en el mundo. Sus hojas, que se despliegan a modo de biombo, están fabricadas en papel amate recubierto de estuco blanco y se hallan escritas con glifos polícromos [27]. El segundo códice, el Tudela, corresponde a la cultura azteca tardía. Escrito tras la conquista, está hecho con papel europeo y se presenta encuadernado como un libro. Su contenido, también relativo al calendario ceremonial, ofrece dibujos relativos a divinidades y festividades indígenas que fueron efectuados por los escribanos mexicas, junto a comentarios manuscritos en lengua castellana [43].

De la zona de El Salvador proceden una serie de figurillas, sobre todo femeninas, de diversas épocas, así como numerosas vasijas entre las que destacan las polícromas del período Clásico. Estas imitan las cerámicas mayas en las que se representan figuras humanas y los llamados falsos glifos, que son una copia sin contenido simbólico de los glifos mayas.

En la América precolombina se conoce como área Intermedia a la zona situada entre las dos vastas áreas nucleares de civilización, Mesoamérica y el antiguo Perú. En esta zona florecieron culturas que, a diferencia de las anteriores, no alcanzaron el nivel de desarrollo propio de los Estados, aunque en ocasiones y en épocas ya muy tardías sí tuvieron un nivel próximo al de ellos. Debido a ésto dichas culturas no contaron con urbanismo ni con arquitectura monumental pero sí con una rica cultura material, por lo que las colecciones de esta gran área

61 – Vasija con tres patas, que son sonajas, que representa a un sacerdote vestido con los atributos del jaguar. Noroeste de Costa Rica (1000-1500 d.C.).

suelen ser de gran belleza además de resultar muy sugerentes para el espectador.

De Costa Rica procede una colección que cuenta con una muestra de objetos procedentes de sus tres zonas arqueológicas y que abarcan todos los períodos. Destacan algunas cerámicas polícromas de la zona de Nicoya [61, 62] así como colgantes realizados con jade y con otras piedras duras, siendo estas piezas del mismo tipo que las que aparecen en Nicaragua, por corresponder a una misma zona cultural. De entre las esculturas de piedra procedentes de las tres zonas, destacan las piedras de moler de la zona del Diquís [63] y las representaciones de guerreros, chamanes y

64 – Figura humana de oro que sostiene entre sus manos bien una flauta o bien hojas enrolladas de tabaco que fumaban los chamanes en ceremonias curativas. Costa Rica o Panamá (1000-1500 d.C.).

65 – Colgante de oro articulado en forma de águila bicéfala, de las que salen cabezas estilizadas de cocodrilo. Unas bolitas de oro situadas en la cabeza y en el cuerpo permiten un cascabeleo al moverse. Sudoeste de Costa Rica (1000-1500 d.C.).

mujeres, características del altiplano central costarricense. Son de especial belleza los colgantes de oro en forma de discos, chamanes ataviados a veces con la máscara del cocodrilo, figurillas humanas, aguilillas [64] y diversos animales propios de la región del Diquís –en el suroeste frontero con Panamá– [65, 44], por lo que las piezas de esta zona son culturalmente iguales que las del norte de dicho país. Una breve colección de cerámicas polícromas panameñas cierra las colecciones centroamericanas [68].

De la cultura Taína, que se desarrolla en la zona de las Antillas mayores, hay pocas piezas, aunque de gran calidad, resaltando los cinturones votivos de piedra relacionados con el juego de pelota, los trigonolitos – o piedras de tres puntas que usaban en los ritos de fertilidad y que muestran aves [66] o figuras humanas– y alguna otra pieza como es el caso de la bella hacha antropomorfa de piedra procedente de Ponce, en la isla de Cuba [67].

66 – Piedra de tres puntas con la representación esquemática de un ave de pico curvo en uno de sus extremos, usada en los ritos de fertilidad en la cultura taína. Antillas mayores (1200-1550 d.C.).

67 – Hacha de Ponce, decorada con rostro y brazos esquemáticos en el extremo del enmangue. Encontrada en la cueva de Ponce, en el oriente de Cuba, y usada luego como piedra de afilar, fue rescatada en 1847 por el investigador M. Rodríguez Ferrer y donada dos años después al Museo. Cultura Taína (1200-1500 d.C.).

68 – Vasija de cerámica con decoración esquemática de cocodrilos, animal relacionado con la fecundidad en las tierras tropicales. Panamá, cultura Veraguas (800-1200 d.C.).

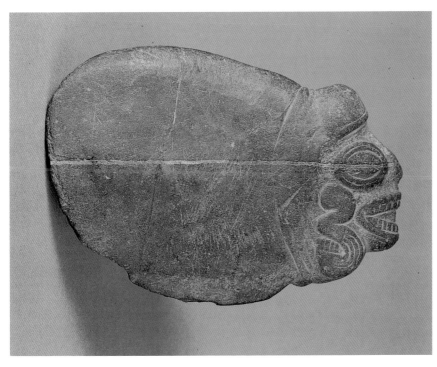

69 – Colgante de oro que representa un animal fantástico. El cuerpo es el de un insecto o un crustáceo cuya cola está rematada por una cabeza de ave de pico curvo, animal asociado en el área circuncaribe con la creación. Sobre la cabeza del animal hay dos aves de perfil mirando hacia abajo y, bajo su boca sobresale otra ave de pico curvo. Colombia, cultura Tairona (100-1500 d.C.).

70 – Cacique de oro del Tesoro de los Quimbayas que aparece sentado en un taburete, signo de poder. Lleva colgado del cuello un recipiente en forma de calabaza, que se supone contenía la cal usada al mascar hojas de coca, cuyo uso solía ser ceremonial. Colombia (200-1000 d.C.).

71 – Casco de oro del Tesoro de los Quimbayas adornado con dos figuras femeninas desnudas repujadas. Su tratamiento decorativo es como el de la figura anterior. Colombia, Cultura Quimbaya arqueológica (200-1000 d.C.).

De Venezuela hay unas pocas figuritas femeninas de arcilla, y de Colombia hay piezas ilustrativas de casi todas las zonas geográfico-culturales, realizadas algunas en oro y la mayoría en cerámica. Destacamos algún objeto procedente de San Agustín, collares de piedras duras, figuras y adornos de oro y cerámicas de la zona cultural tairona, del litoral caribe colombiano [69], así como figuras humanas esquemáticas de cerámica quimbaya de la región serrana del Quindío. Mención aparte y destacadísima merece el llamado tesoro de los Quimbayas que, descubierto un año antes de la ya mencionada exposición de 1892, figuró en ella en el pabellón de Colombia, siendo luego donado a España por este país. Se trata del ajuar de dos tumbas de la cultura Quimbaya arqueológica, datada entre el siglo VI a.C. y VI d.C., por lo que constituye el único conjunto completo y documentado de piezas de oro que se conserva, ya que no se ha encontrado otro tesoro de semejante naturaleza en el transcurso de los años. A la originalidad y belleza inigualada de las piezas – sobre todo de las figuras de los denominados caciques y cacicas y de algunas vasijas de formas cerradas, inspiradas en calabazas– se une la calidad técnica de las mismas, ya que las mencionadas figuras y vasos son, en realidad, esculturas huecas fabricadas con la técnica de la cera perdida.

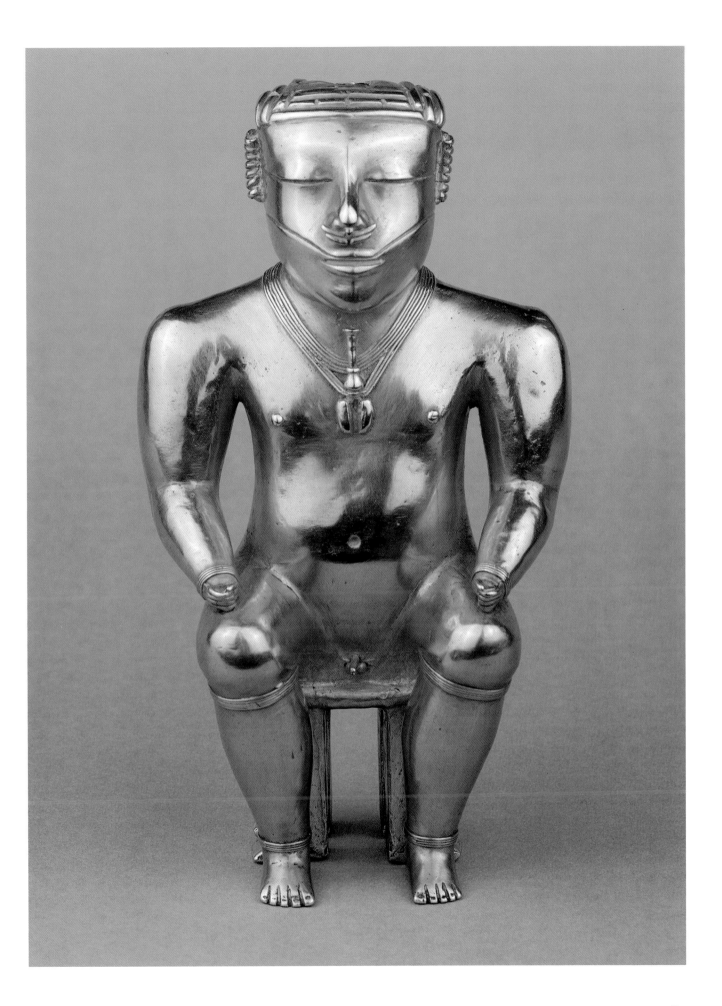

72 – Recipiente antropomorfo de oro con tapadera en forma de serpiente cuya cabeza, rematada por un cabujón, debió tener una esmeralda. Los huecos del rostro del cacique contuvieron incrustaciones, probablemente de piedras semipreciosas o conchas, que simulaban pintura facial. Colombia, Tesoro de los Quimbayas (200-1000 d.C.).

73 – Figura de cerámica que representa a un jefe de la cultura Bahía profusamente adornado. Ecuador (500 a.C.-500 d.C.).

Tanto es así que, en cuanto a la calidad técnica y estética y en cuanto a que conforman una unidad, podría afirmarse que es el mejor conjunto de orfebrería existente de toda la América precolombina. Este ajuar se compone de ciento treinta objetos: cinco figuras masculinas y femeninas desnudas sentadas y de pie y una cabeza humana –que en realidad son todas recipientes–, cascos, vasijas gallonadas y lobuladas en forma de calabazas, estas últimas decoradas con sendas figuras humanas adosadas. Hay, además, instrumentos musicales –tales como un silbato y una trompeta rematada por figuras masculina y femenina–, orejeras de varios tipos entre las que destacan las caladas con bolitas en su interior que suenan, grandes alfileres, sartas de animalillos esquemáticos y otros colgantes y adornos. Todos estos objetos están realizados en oro o, en algunos casos, en tumbaga, una aleación de oro y cobre [70, 71, 72, 29, 30].

El Museo cuenta también con una representación de las culturas situadas a ambos lados de la frontera de Colombia y Ecuador, con objetos procedentes de ambos países. Se trata de la cultura serrana llamada en Colombia Nariño y en Ecuador Carchi y de la costera cultura conocida en Colombia como Tumaco y en Ecuador como La Tolita, teniendo ambas varias fases que reciben diferentes nombres. De la cultura Nariño-Carchi hay recipientes decorados y figuras humanas, así como la peculiar figura de un personaje sentado mascando coca, y de Tumaco-Tolita hay sobre todo figurillas. Existen también vasijas de las culturas serranas, como la de Tuncahuán, y hermosas figuras representativas de las culturas costeras ecuatorianas Jama-Coaque, Bahía y Manteña [73, 45].

Las colecciones del antiguo Perú –que abarcan los actuales países de Perú y Bolivia– son con diferencia las más numerosas, con varios miles de ejemplares, y las más variadas. A ellas pertenecen objetos de todas las épocas hechos con todo tipo de materiales: cerámica, piedra, concha, hueso, metales, madera, cestería, plumería y textiles muy variados, incluyendo algunas momias. Las culturas mejor representadas son las de la costa norperuana de Moche y Chimú (siglo III a.C. a VII d.C. y XI a XV d.C., respectivamente) [74, 75, 76, 77, 1, 3, 5, 10], y otras afines como son las de Lambayeque o de Recuay [78, 79]. Estas colecciones están compuestas por una numerosísima y variada serie de vasos cerámicos y por objetos de orfebrería y demás metalistería. Destacan los que fueron excavados en el siglo XVIII, unos por una persona anónima en una tumba cercana a Cajamarca y otros por el obispo Martínez Compañón en las ruinas y tumbas cercanas a la actual ciudad de Trujillo [2, 5]. De entre las culturas de la costa sur, la de Nazca (siglo I a VI d.C.) aparece indicada

74 – Vasija en forma de cabeza de guerrero cuyo rostro tiene pintura facial. Lleva grandes orejeras circulares y un casco que se ata bajo la barbilla adornado con unas garras y una cabeza de jaguar. Perú, cultura Mochica (100 a.C.-700 d.C.).

75 – Vasija de cerámica que representa a un cautivo al que el vencedor le ha despojado de sus vestidos. Tiene atadas las manos a la espalda y puesto una soga al cuello. Perú, cultura Mochica (100 a.C.-700 d.C.).

76 – Vasija de cerámica en forma de vivienda palaciega. Está compuesta por tres cuerpos, dispuestos en torno a un patio o espacio central, con cubierta a dos aguas probablemente de paja. Perú, cultura Chimú-Inca (1470-1533 d.C.).

77 – Figura de madera con restos de policromía, similar a algunas de las encontradas en las estructuras palaciegas de las ruinas de Chan-chan, la capital del reino Chimú. Trujillo, Perú (1100-1470 d.C.).

78 – Vasija de cerámica rematada por una cabeza humana y flanquedada por lo que parecen ser jaguares. Perú, cultura Lambayeque (1000-1300 d.C.).

79 – Vasija de cerámica que representa una pareja durante el coito, motivo iconográfico habitual en las culturas de la costa norte del Perú. Cultura Recuay (400 a.C.- 300 d.C.).

por un numeroso conjunto de cerámicas polícromas, algunas de ellas de fechas ya tardías [80, 81, 82]. Entre las culturas de la sierra destacan algunas piezas de la cultura Huari [83, 84] y de la Inca (siglo xiv a xvi d.C.) cuya colección, formada mayoritariamente por Juan Larrea, es una de las más notables del Museo y de las mejores del mundo. De los objetos incaicos sobresalen las magníficas piezas de la zona de Cuzco, que incluyen desde pequeñas y grandes vasijas de cerámica, objetos diversos y cuencos de piedra para sacrificios decorados con relieves, hasta adornos y utensilios de metal [85, 86].

Quizá merezca la pena singularizar algunas piezas, como por ejemplo un bello manto [87] de la cultura de Paracas (siglo vi a i a. C.) o algunos vestidos incaicos, sobre todo una túnica o camisa reversible en perfecto estado de conservación decorada con floripondios, la flor que simbolizaba la realeza incaica [9]. Merecen también mención los vasos de cerámica nazca, moche y chimú, la colección de figuritas de turquesa de época Huari (siglo vi a xi d.C.) que representan personajes con diferentes atavíos. Estas figuras fueron encontradas junto a otros objetos rituales en una ofrenda fundacional de un edificio de Piquillacta, cerca de Cuzco, existiendo tan sólo en el mundo otro conjunto similar [88]. Hay además algunos objetos de orfebrería chimú, chimú-inca e inca, tales como algún

80 – Vasija con la representación de un ave. Su brillante policromía es característica de la cerámica de la cultura Nazca. Perú (100 a.C.-700 d.C.).

81 – Vasija que representa un ave posada en un cactus, aparentemente el llamado San Pedro, de propiedades alucinógenas, usado hasta hoy en distintos rituales. Perú, cultura Nazca (100 a.C.-700 d.C.).

vaso de plata con rostro humano [2], finas láminas de oro con delicados dibujos recortados y un cetro de madera forrados de oro. No puede dejar de aludirse a la única cabeza incaica de piedra conocida hasta el presente –que ciñe la diadema con borla, símbolo de la realeza inca, y que ha sido llamada cabeza de Viracocha [89]– ni a la colección, poco común por lo numerosa y variada, de *pajchas* y de *keros*. Se trata de recipientes para realizar libaciones, los primeros con formas variadas y una canalización para verter líquidos y los segundos con forma de vaso troncocónico, cuyos mejores ejemplares adquieren la forma de cabezas humanas o de jaguares o bien de copas sostenidas por atlantes. Todos ellos fueron

82 – Vasija con la característica forma globular y asa estribo con doble vertedera. Presenta un personaje que sostiene una cabeza cortada, adornado con un gran tocado que le enmarca el rostro y una nariguera-máscara bucal similar a la que tiene la momia de la figura 40. Perú, cultura Nazca (100 a.C.-700 d.C.).

fabricados en madera con profusas decoraciones polícromas, unos en la época incaica y otros en el momento justo del contacto con los europeos o bien posteriormente, sin perder por ello la iconografía simbólica incaica [90, 4, 35].

Además de las mencionadas culturas peruanas también se encuentran representadas otras –como las de Chavín, Tiahuanaco y Chancay–, así como algunas culturas tardías del norte de Chile patentizadas con tejidos, objetos de madera y vasijas del estilo Diaguita. Del noroeste argentino hay algunas vasijas, además de unas pequeñas y bellas puntas de flecha de piedra de época aparentemente muy tardía.

84 – Gran vasija decorada con un rostro humano característico de la cultura Huari. Su forma es la típica del *kero*, vaso ceremonial andino que comenzó a utilizarse en esta época. Perú (600-1000 d.C.).

83 – Camisa de lana y algodón, prenda tradicional del antiguo Perú, con costuras laterales y aberturas en los extremos superiores para sacar los brazos. Tiene una decoración geométrica con aparente significado simbólico. Perú, cultura Huari (600-1000 d.C.).

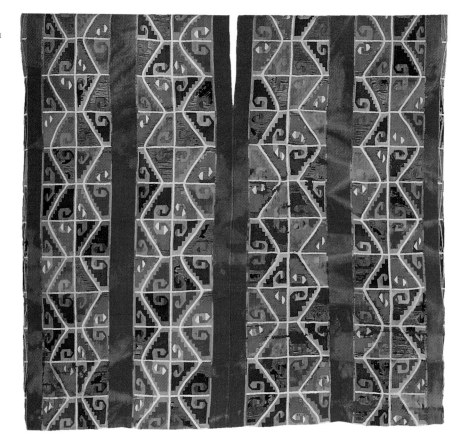

85 – Figura de oro que muestra a un orejón o noble inca, distinguible tanto por las deformaciones de las orejas, para introducir las grandes orejeras ceremoniales, como por el bulto junto a la boca que indica que está mascando hojas de coca. Perú, cultura Inca, segunda mitad del siglo xv a primera del xvi d.C.

86 – Gran aríbalo, vasija cuya forma es privativa de la cultura Inca, con la decoración geométrica característica. Perú, siglos xv y xvi d.C.

95

87 – Manto de algodón con diseños
geométricos y felinos estilizados. Junto con un
costurero, formaba parte del ajuar funerario
que acompañaba a la momia de la figura 40.
Perú, cultura Paracas (400 a.C.-100 d.C.).

88 – Recreación de la ofrenda fundacional hallada en los cimientos de la fortaleza de Pikillacta, cercana a Cuzco. Está compuesta por un gran clavo de cobre, unas valvas de *Spondylus pictorum*, conchas muy apreciadas e importadas de lejanas aguas tropicales, y un conjunto de figuritas de turquesa en tamaño decreciente. Los personajes están finamente trabajados y aparecen ataviados de manera diferente, a excepción de un prisionero desnudo. Perú, cultura Huari (600-1000 d.C.).

89 – Cabeza denominada de Viracocha por haberse atribuido a dicho Inca. Lleva el *llautu*, banda de la que pende la *masca-paicha* o borla que cuelga sobre la frente, que es el máximo símbolo de la realeza incaica. Se trata de la única representación de su género. Cuzco, Perú, cultura Inca, siglo xvi d.C.

90 – *Kero* o vaso ceremonial de madera que representa un jaguar, animal relacionado con el poder de los reyes, de los jefes y de los chamanes. Dicho animal se asocia también a divinidades con carácter nocturno y telúrico. Cuzco, Perú, cultura Inca, siglos xv y xvi d.C.

91 – Casco y protector de rostro y cuello, que dejaban libres los ojos del guerrero. El protector se apoyaba en el peto de la armadura de la figura siguiente, con la que probablemente hace juego. Costa Noroeste de norteamérica, indios Tlingit, último tercio del siglo XVIII.

3. Las colecciones etnográficas

La importancia de una parte de las colecciones etnográficas reside en que fueron recogidas en el siglo XVIII y XIX, generalmente en el transcurso de expediciones científicas, tal como sucede con las piezas indígenas procedentes de Canadá y Estados Unidos acopiadas durante el transcurso de los primeros contactos entre europeos e indígenas. Por esta razón estos objetos tienen no sólo una notable importancia histórica al ser piezas escasas y raras, sino también un considerable interés etnográfico, ya que son objetos hechos con ninguna o escasa influencia europea. Entre dichas colecciones, la más destacable es la de objetos procedentes de la costa Noroeste y de algunos pueblos vecinos, subárticos y esquimales, recogida a partir de 1774 [11, 12, 13, 15]. Ésta se compone de utensilios – arpones, anzuelos, y otros aparejos de pesca–, de vestuario de guerra – cascos, protectores faciales, petos y espaldares– y de otros objetos diversos. Entre estos últimos hay cucharas, juegos de palillos, cestos, amuletos, máscaras, pequeñas reproducciones de canoas, así como camisas impermeables para la pesca hechas con membrana de pescado, que adoptan la forma de nuestros actuales chubasqueros [91, 92, 93, 94, 95].

92 – Peto y espaldar de una armadura. Como el anterior casco y protector facial, la armadura está decorada con una mezcla de rasgos humanos y elementos distintivos de la ballena, animal totémico. Costa Noroeste de norteamérica, indios Tlingit, último tercio del siglo XVIII.

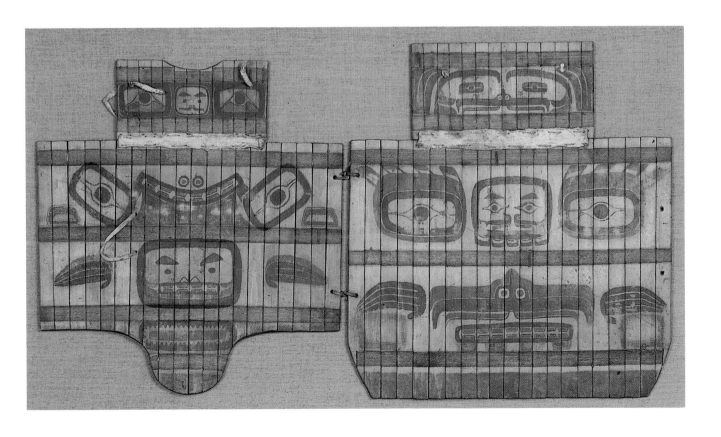

93 – Hacha de guerra, de probable uso ceremonial, con el enmangue rematado por una cabeza de lobo con dientes de concha. El mango, de madera, está recubierto con un fino trenzado de fibra vegetal. Costa Noroeste de norteamérica, indios Tlingit, último tercio del siglo XVIII.

94 – Maqueta de canoa decorada con una ballena esquemática en la proa y un águila en la popa, animales clánicos de los habitantes de la Costa Noroeste norteamericana. Indios Tlingit, último tercio del siglo XVIII.

95 – Impermeable esquimal con capucha, confeccionado con tiras de tripa de pescado. El extremo inferior del impermeable solía cerrar la pequeña abertura circular del *kayak*, embarcación individual. Norteamérica, último tercio del siglo XVIII.

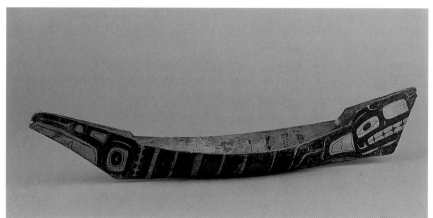

De la costa californiana provienen unos bellos cestos polícromos hechos a finales del XVIII por grupos indígenas recolectores, hoy prácticamente desaparecidos [96, 14]. De la misma época y fabricados por los indios de las Praderas, posiblemente por grupos cercanos al río Colorado, existe una serie de piezas de uso personal cuidadosa y artísticamente trabajadas como tocados, camisas, mocasines, ligas, alguna pipa y vaina de puñal, además de tres pieles de bisonte pintadas [97, 98, 99, 17]. Hay algunos objetos que parecen proceder del sureste canadiense que debieron haber formado parte de la colección que Pedro Franco Dávila

96 – Cesto de fibra vegetal, de cuidado
acabado, utilizado por los indios Chumash de
California, Estados Unidos. Fue recogido a
finales del siglo XVIII.

había reunido en París, ya que pudieran corresponderse con los reseña-
dos en su catálogo de 1762. La clasificación de todos estos objetos es
difícil ya que se sabe poco de la cultura material de esta época de los
indios de las Praderas y de los del Este canadiense. La movilidad y migra-
ciones de muchos de estos grupos y las profundas transformaciones que
su cultura había ya sufrido cuando empezaron a documentarse sus costumbres y manufacturas, en el siglo XIX, son razones adicionales que
justifican esta dificultad de clasificación, convirtiendo estas piezas en raras y sumamente difíciles de hallar en las colecciones de los museos.

97 – Tocado con cuernos, pelo y cuero bordado con púas de puercoespín. Hace juego con los mocasines de la figura 100 y probablemente fue usado por un jefe de una tribu de indios de las Praderas, de la zona del río Colorado. Sur de Estados Unidos, finales del siglo XVIII.

98 – Camisa de cuero que tiene la misma procedencia que el tocado de la figura 97 y que los mocasines de la figura 99, y que debía formar parte de un mismo atuendo. Sur de Estados Unidos, indios de las Praderas de la zona del río Colorado, siglo XVIII.

99 – Par de mocasines que hacen juego con el tocado de la figura 97. En ellos se advierte el tradicional bordado con púas de puercoespín con que los indios de las praderas decoraban sus prendas y objetos de cuero antes del contacto con el hombre blanco. Indios de las Praderas, siglo XVIII.

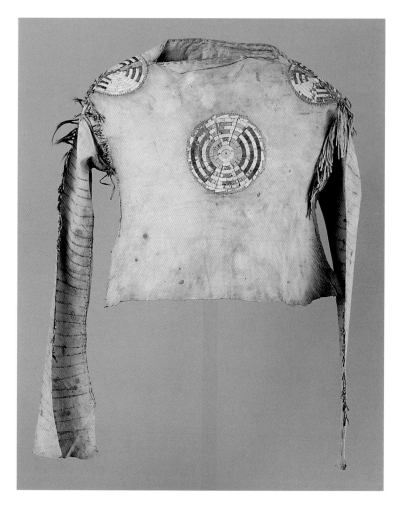

100 – *Huipil*, camisa femenina de origen prehispánico, bordada por las tejedoras mayas de Chichicastenango. Guatemala, siglo xx.

Pertenecientes a los indios Pueblo del suroeste de Norteamérica hay algunas vasijas recogidas en el siglo xix durante la expedición Hemenway, junto con otras arqueológicas de los mismos indígenas ya mencionados, que fueron expuestas durante la Exposición Universal de 1892 y posteriormente donadas [28]. Existen además tres *kachinas*, pequeñas muñecas que representan espíritus de antepasados de dichos indios, manufacturadas en este siglo, así como una falda, una camisa a modo de poncho y algunos pocos utensilios de los indios Apaches del siglo xix.

De la América central, destaca una variada colección de vestidos, aparentemente hechos en este siglo, entre los que sobresalen los de los indios Huicholes del norte de México y los pertenecientes a los diferentes grupos de indígenas mayas de Chiapas, México y, sobre todo, Guatemala.

Esta última serie de vestidos, reunidos en diferentes momentos, forman una colección cuyo interés radica en su variedad y amplitud y en que dichos vestidos son unos de los atuendos que quizá mejor han conservado las formas y elementos tradicionales desde la época de la conquista. Entre la vestimenta femenina, que es la más conservadora, hay *enredos* o especie de echarpes, *huipiles*, tipo de blusa finamente tejida o bordada con intrincadas decoraciones de brillante colorido cuya forma no ha variado desde tiempos precolombinos, *cortes* o paños que se envuelven alrededor de la cintura a modo de faldas, *tzutes* o telas rectangulares y cuadradas usadas

102 – Macana decorada con relieves geométricos, un entrelazado de fibras y un cordón para sujetarse a la muñeca. Perteneció al jefe caribe Mayurucari, quien mató con ella a varios misioneros en la zona del río Mamo, afluente del Orinoco. Mayurucari fue muerto en 1736 por José Gumilla, capitán de la escolta del misionero, explorador e historiador, quien documentó el arma.

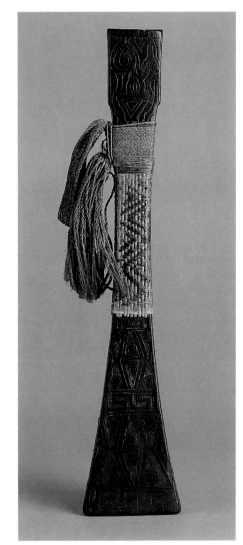

frecuentemente por las mujeres como tocados, adornos al hombro o para llevar objetos y otros múltiples usos prácticos. Entre la indumentaria masculina, de mayores influencias occidentales, están los pantalones, fajas, chaquetas o sacos y camisas, destacando el usado en el disfraz de Pedro de Alvarado, el conquistador de los mayas, de la población de Chichicastenengo [100, 47].

De Guatemala proceden también una serie de máscaras polícromas de madera, unas en forma de rostros humanos y otras de animales, como son las del propio Pedro Alvarado, usadas en algunas danzas indígenas, o las cabezas de toros utilizadas en la danza del torito. Entre las del Caribe cabe destacar una serie de seis, realizadas en pasta de papel, usadas en los carnavales de Ponce, en Puerto Rico, siendo la más atractiva la que representa a un diablito rojo con múltiples cuernos [101].

Una de las más antiguas piezas procedente de la Amazonía es una curiosa y bella maza de madera que fue usada en 1729 –lo que para esta región es una fecha sumamente antigua– en el Orinoco por el jefe caribe Mayucurari cuando mató a un misionero posteriormente canonizado, según cuenta una antigua etiqueta adherida a la pieza [102]. De la zona de Pampahermosa, donde la selva amazónica y la cordillera andina peruana se unen, hay una serie de piezas recogidas en el siglo XVIII por la ya mencionada expedición botánica realizada por Hipólito Ruiz y José Pavón al virreinato del Perú, lo que convierte a esta colección en la más antigua y quizás la única procedente de la ceja de selva peruana [8]. Ésta se halla compuesta por arreos de caballos y sombreros de plumas de vivos colores, peines, cerbatanas y otros utensilios, y mientras que algunos de dichos objetos ya no se fabrican otros, como los peines o las cerbatanas, no difieren de los antiguos. Algunos de los collares y adornos y de las mantas de corteza de árbol del Museo fueron recogidos de ésta y de otras zonas del Perú por dicha expedición y por otras personas en el siglo XVIII.

Las restantes colecciones de la gran área amazónica pertenecen fundamentalmente a los indios Jíbaros, Záparos, Mundurukú, Guaraníes, Karajá, Yanomami y Shipibo. Hay objetos bastante antiguos, como los coleccionados en el siglo XIX por la Expedición Científica al Pacífico, ya que la recogida de materiales de esta zona es algo relativamente reciente al permanecer ésta prácticamente inexplorada hasta el pasado siglo. La principal zona que esta expedición recorrió fue la Amazonía peruana, siendo remarcables una gran canoa, un gran tambor de madera, alguna de las cabezas humanas reducidas que el Museo tiene, así como collares y otros adornados de semillas. Hay también sombreros de plumas, cuya

103 – Tocado de plumas de los Kayapó-
Xikrín, indios amazónicos del río
Itacaiunas-Caiteté. Brasil, siglo xx.

104 – Traje femenino compuesto por diadema, collar y tapapubis, hecho con fibra vegetal, cuentas de vidrio y metal. Perú, Indios Shipibo del Alto Amazonas, siglo xx.

105 – Pendientes hechos con élitros irisados de escarabajos y con plumas. Perú, alto Amazonas, siglo xx.

forma imita a los europeos de copa, diversos tocados de este material y una serie de armas. La colección amazónica se completa con piezas recogidas en diferentes momentos del siglo, destacando algunos objetos cerámicos y de indumentaria y adorno, tales como colgantes de plumas e irisados élitros de escarabajos [103, 104, 105, 106].

Joseph Dombey, el botánico francés que acompañó a Ruiz y a Pavón

en la primera mitad de la expedición, recogió una serie de objetos de gran
interés como son las boleadoras y sombreros de los indios argentinos que
entonces vivían en la Pampa, junto a Buenos Aires. Aunque los objetos
de la Tierra de Fuego son escasísimos –recordemos que su cultura material era muy simple– su importancia es grande, ya que fueron recogidos
en los primeros contactos con los europeos de los hoy extintos grupos
indígenas.

Existen también algunos objetos diversos de Sudamérica entre los que
merece la pena mencionar las joyas de plata de los Araucanos de Chile
[107], alguna pieza de los indígenas del Chaco, algunos objetos de significado religioso como un conjunto de exvotos de plata brasileños destinados a alejar el mal de ojo y los aperos del caballo procedentes de Argentina y Uruguay –tales como espuelas, estribos, sillas de montar,
rebenques y boleadoras–, colección ésta que se completa con otra procedente de México. Destacan también las máscaras, vestidos y complemen-
tos del atuendo de algunos grupos indígenas andinos de Ecuador, Bolivia
y Venezuela, tales como los trajes de bailarín de La Morenada del altiplano boliviano o los trajes de fiestas populares como son la del diablo
de Yiare y la de Naiguatá en Venezuela [108, 109].

A todo lo expuesto es preciso añadir la colección Martín Bartolomé
de arte popular, integrada por diversos objetos brasileños –tales como
exvotos de madera, tacos de xilografía para literatura de cordel, distintos
utensilios de hierro utilizados en el candomblé de la ciudad de Bahía–,
así como por exvotos mexicanos pintados y cuadros de pintura naif y
popular de Brasil y Argentina. También completan el recorrido a través
de las colecciones etnográficas americanas algunas cerámicas y objetos
variados y, sobre todo, una serie de vestidos populares de diversos lugares
de América y Filipinas procedentes, en su mayoría, de la mencionada
colección Bartolomé y del Ministerio de Asuntos Exteriores [110, 111,
112, 113].

Por último, hay que mencionar las colecciones procedentes de Oceanía, de Filipinas e incluso de Africa que, como ya dijimos, se guardan en
el Museo. La mayor parte son objetos recogidos por las expediciones
científicas del siglo XVIII, algunos en los años de los primeros contactos
entre los nativos oceánicos y los europeos, por lo que son sumamente
antiguas y raras.

Entre éstos están los singulares cascos y mantos de plumas procedentes de Hawaii [18], un gran tapiz de corteza de árbol de la isla de Tonga,
y las bellísimas armas procedentes de Polinesia, Melanesia, Micronesia

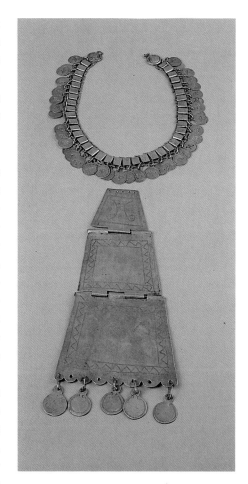

108 – Esclavina masculina fabricada en terciopelo de algodón, hilos de plata y falsa pedrería, que hace juego con unos calzones. Bolivia, siglo XX.

109 – Máscara, chaqueta y falda confeccionadas con cartón, plástico, algodón y fibra sintética, piezas usadas por los bailarines de la Morenada. Algunos de los motivos, como el sol y las flores de datura, son temas tradicionales de origen incaico. Altiplano de Bolivia, siglo XX. Y detalle.

110 – *El primer vals*, pintura naïf hecha con acrílico sobre tela. Firmada por Carlos Manso, Argentina, 1975.

111 – Lucha entre el bien y el mal por el alma del difunto, grupo escultórico de cerámica que representa una parte de la fiesta denominada Bumba meu boi. Hecho por José Antonio da Silva (Zé Caboclo) en Caruarú, Pernambuco, Brasil, sobre 1970.

112 – *Ogum y Xangô luchan por Oxum*, pintura que representa un mito Candomblé. Pintado por Raquel Trinidade, Sao Paulo, Brasil, 1974.

y Filipinas [19, 25]. De Filipinas existe una colección de *anitos* o esculturas de madera de antepasados recogidas en el siglo XVIII [114], de Malasia, antiguas armas, y de China, objetos y muebles de fines del XVIII y comienzos del XIX y del XX [21], que los chinos residentes en Filipinas encargaban a su país de origen cuando se enriquecían. Algunas colecciones menores, como son las artesanías, textiles y muñecos de trapo que representan tipos populares de éste y del pasado siglo, completan las colecciones oceánicas.

113 – Muñeco que representa a un personaje europeo ataviado con traje de fiesta. Perú, primera mitad del siglo XX.

114 – *Anito*, representación del espíritu de los difuntos de los Ifugao y Kankanai del norte de la isla de Luzón, Filipinas. Finales de siglo XVIII o XIX.

115 – *Adoración de los Magos.* Tríptico de estilo flamenco hecho con plumas por *amantecas*, artesanos indígenas que hacían trabajos de plumería. México, siglo XVI.

4. Las colecciones coloniales

Algo que es sumamente difícil de ver en cualquier museo que albergue materiales americanos, a excepción de algunos de países latinoamericanos, son las colecciones virreinales. Sin embargo, el Museo de América tiene una importante y variada, ya que es el único centro que conserva y muestra a la vez objetos coloniales de distintos países con materiales precolombinos y etnográficos. En muchas ocasiones, y sobre todo hasta hace muy poco, ha existido la tendencia a coleccionar objetos raros y curiosos para los europeos más que piezas que fuesen similares a las que se hacían y usaban en la península durante la época de la colonia. La pintura, escultura y artes decorativas y suntuarias americanas solían seguir las pautas establecidas en Europa, cuyos modelos copiaban. Por esta razón estas piezas, consideradas como una producción local de menor calidad, no interesaban más que como parte de los bienes muebles de una casa o de una institución. Por tanto, el coleccionismo de piezas

116 – *Inmaculada*. El cuadro, que muestra a la Virgen enmarcada por nubes entre las que surgen una serie de símbolos marianos, está hecho siguiendo la tradición plumaria prehispánica. Plumas, papel y papel amate sobre cobre. México, siglio XVII.

117 – *Anunciación*. Lienzo del pintor vallisoletano, formado en el manierismo y luego afincado en México, fray Alonso López Herrera. Primera mitad del siglo XVII.

118 – El palacio de los virreyes. Biombo, pintado al óleo sobre lienzo, en el que se representa la Alameda y la plaza mayor de México con el palacio virreinal. Las nubes doradas y el mismo uso del biombo como soporte de la pintura indican una influencia del arte japonés, sobre todo del estilo Namban. Este biombo, al igual que el siguiente, hace una descripción de la sociedad mexicana. Siglo XVII.

119 – El palo volador. Biombo en el que se representan varios ritos precolombinos, como el que le da título, y otras actividades indígenas de raíz prehispánica. Entre éstas sobresalen el malabarista o la extracción del jugo de la pita para elaborar bebida fermentada, cuyo uso en festividades se explica en la parte inferior. México, segunda mitad del siglo XVII.

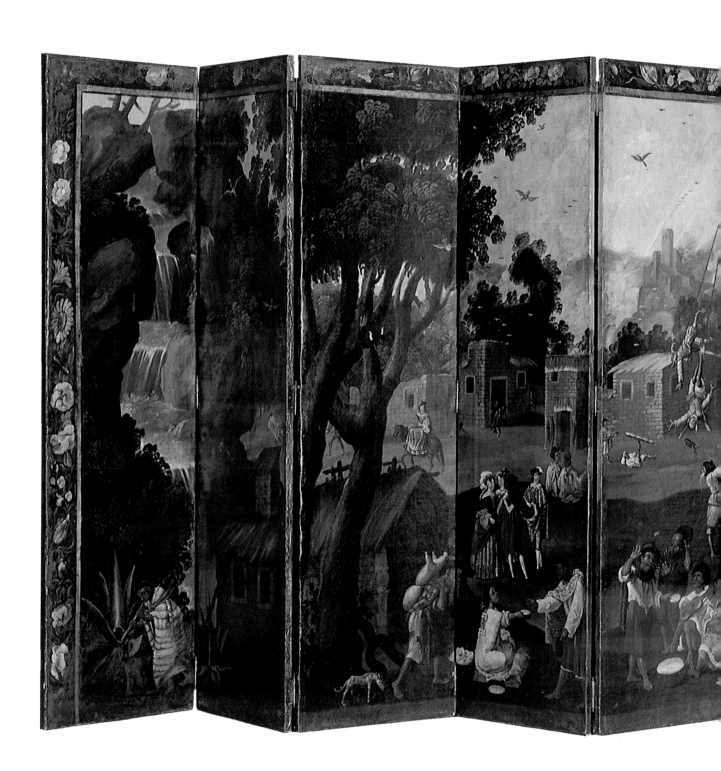

El palacio de los virreyes. Biombo, detalle [118].

El palo volador. Biombo, detalle [119].

120 – Oleo sobre tabla con incrustaciones de nácar que pertenece a una serie de seis enconchados en los que se narra la conquista de México. En el cuadro aparecen varias escenas diferentes a las que se alude en una cartela explicativa. México, último cuarto del siglo XVII.

121 – *Virgen de Guadalupe*. Esta advocación de la Virgen, cuyo culto arranca del de una antigua divinidad de la tierra, es uno de los motivos iconográficos más populares a lo largo de los siglos. Bordada en oro y firmada por Juan Castellanos. México, 1740.

virreinales –objetos cotidianos y conocidos por todos y considerados menos valiosos que sus similares europeos– interesó mucho menos que el de objetos indígenas, a no ser que se tratase de piezas con un toque exótico o que mostrasen la historia y realidad del Nuevo Mundo. Siempre interesaron aquéllas de factura típicamente americana bien fuera por los materiales o por la técnica empleada, como es el caso de los cuadros elaborados con la técnica indígena de las plumas o con incrustaciones de conchas, o bien por su temática, como son los que mostraban personas y paisajes o un tipo de vida desconocido en la metrópoli.

La época a la que pertenecen la mayor parte de los fondos del Museo es el siglo XVIII, y la zona mejor representada, con diferencia, es el antiguo virreinato de la Nueva España, que se corresponde con el actual México y con el resto de Centroamérica a través de la Gobernación de Guatemala.

La pieza más antigua que se conserva de este virreinato es un importante tríptico mexicano del siglo XVI en el que se representa la Adoración de los Reyes Magos [115], de cuidado estilo flamenco pero realizado con plumas. Principalmente del siglo XVII, aunque también del siglo XVIII, merecen mención una serie de pequeños cuadros con motivos religiosos hechos con plumas, de menor calidad y más ingenuos que el anterior, que representan a San Luis Gonzaga, al Arcángel San Miguel o a San José, pudiendo resaltar por la mayor calidad del dibujo y de la técnica plumaria una Inmaculada [116]. Del mismo virreinato y de la primera mitad del siglo XVII destaca el bello cuadro de La Anunciación pintado al óleo por Alonso Pérez de Herrera, cuyas obras se caracterizan tanto por la importancia que concede a los rostros de los personajes como por el tratamiento de las manos que se convierten en elemento expresivo dentro de la composición [117].

Por su temática, calidad y espectacularidad no pueden dejar de mencionarse dos bellos biombos del mismo siglo. En uno, llamado el Palacio de los Virreyes, se observan dos escenas sin solución de continuidad entre las imágenes, debiendo faltar entre ambas algunas de sus hojas centrales. En la primera escena, a la derecha, se ve al fondo la fachada del edificio donde estaba situado el palacio de los virreyes. En primer plano aparecen una serie de indígenas y mestizos realizando sus compras y trueques, mientras que una carroza, caballos y varios personajes europeos del mundo oficial que se despliegan en un plano intermedio. En las hojas de la izquierda emerge un jardín con una fuente central y calles arboladas por el que pasean numerosos personajes de la sociedad virreinal. La aparición de unas nubes doradas indican la influencia japonesa

122 – Retrato del gobernador de Oaxaca,
Francisco Antonio de Larrea, y sus hijos.
Lienzo de José de Páez, México, segunda
mitad del siglo XVIII.

123 – Sor Juana Inés de la Cruz. Retrato en
que la escritora mexicana del siglo XVII
aparece con su hábito de monja jerónima. Su
«soneto a la esperanza», colgado de un
anaquel de la biblioteca, y una larga leyenda
identifican al personaje. Lienzo pintado por
Andrés de Islas, quien copia retratos
anteriores. México, 1772.

de esta obra [118]. En el segundo biombo, conocido como del Palo
Volador, se escenifica sobre un fondo teatral de castillos, cascadas y mon-
tañas una curiosa escena de carácter costumbrista en la que se muestra
la composición de la sociedad mestiza del México del momento. En él
se representan entremezcladas escenas de costumbres indígenas de raíz
precolombina y europeas tales como la ceremonia religiosa del palo volador, un titiritero actuando de la misma manera que los que aparecen en
las vasijas antiguas, un grupo de personajes ataviados a la manera indígena danzando en círculo, dos grupos de figuras de españoles y criollos
que observan las anteriores ceremonias, o un grupo de mestizos e indígenas ocupados en actividades cotidianas [119].

Existen también una serie de piezas mexicanas realizadas entre el siglo

XVII y XVIII tales como las varias series de pinturas sobre tabla conocidas con el nombre de enconchados debido a la técnica de influencia oriental empleada en su composición. En ésta se disponen sobre la superficie de madera del cuadro numerosas conchas nacaradas que resaltan por su diferente textura y brillo, constituyendo la más numerosa y variada colección que hoy existe de este género. Entre las mencionadas series hay dos en las que se muestran escenas de la conquista de México y otras que relatan la vida de Cristo y de la Virgen, así como otros cuadros con motivos diversos [120, 33, 34, 39]. La mencionada influencia oriental también puede apreciarse, además, en la tendencia a utilizar los fondos dorados en los lienzos y en la decoratividad de algunos marcos y orlas ornamentados con enconchados y con motivos florales y animales.

M.R.M.Sr. Juana de la Cruz nieta de D. Luis Cortes, quien fue hijo del Gran Capitan D. Hernando Cortes y Monrroy apostador de N.E, y de Dª. Antonia Arauz heredera lejitima de titulos y bienes que cedió á sus menores, Nieta de Dª. Maria ... res de Tabasco: Profeso de 17 años en Mexico siendo la fundadora del Convento de S. Geronimo, el dia 20, de Obre. de 166.

124 – Retrato de una novicia el día de sus
votos ataviada con el hábito de gala, con un
ramo y una corona de flores. Se trata de sor
Juana de la Cruz, biznieta de Hernán Cortés y
fundadora del convento jerónimo de México.
Como es habitual en este género, el escudo
familiar y la leyenda sirven para identificar al
personaje. Siglo XVIII.

125 – *Indios gentiles*, lienzo que forma parte de
una serie de dieciséis cuadros de mestizaje
pintados por Miguel Cabrera. En ellos se
describe al indio, el blanco y el negro, así
como los distintos tipos de mezclas entre ellos
posibles. Miguel Cabrera, México, 1763.

Del siglo XVIII hay cuadros mexicanos con escenas religiosas y profa-
nas. Los primeros siguen las pautas europeas sin ofrecer especial relevancia, destacando varias vírgenes de Guadalupe, como las pintadas por Miguel Cabrera, la realizada por Juan de Villegas u otras realizadas con
otras técnicas como son el enconchado o el bordado [121]. Hay además
una Inmaculada de José de Ibarra, que sigue un esquema compositivo
muy próximo al clasicismo italiano, o los cuadros de la Divina Pastora y
de la Coronación de la Virgen, ambos de José de Paez. Entre las pinturas
de contenido profano sobresalen algún paisaje con escenas costumbristas
así como diversos retratos de virreyes, obispos y otros personajes. Tal es
el caso del cuadro *El virrey Matías Gálvez*, pintado por Ramón Torres,
el del *Gobernador de Oaxaca y sus hijos, Francisco Antonio de Larrea* [122],
el de la escritora Sor Juana Inés de la Cruz, notable pintura de Andrés
de Islas [123], o el llamativo retrato de la monja coronada Sor Juana de
la Cruz. Este último representa un género típicamente mexicano, el de
los cuadros de monjas coronadas donde se representa a las religiosas en
el momento de su profesión, ataviadas con lujosas galas que incluyen
corona, ramo de flores y figuras o escenas alegóricas [124].

126 – Lienzo que permite observar, mediante una yuxtaposición de actos, como era el virreinato de Nueva España. Para ello se elige a la simbólica virgen de Guadalupe, ocho escenas de mestizaje y un muestrario de los frutos de la tierra desconocidos en España. Luis de Mena, México, siglo XVIII.

Especial atención merece la importante colección de los llamados cuadros de mestizaje, también denominados de castas. Ésta está integrada por varias series diferentes donde se explicitan de cara a la metrópoli, y a través de diferentes cuadros, los diversos grados de mestizaje entre los grupos étnicos de indios, europeos y negros que poblaban el virreinato.

127 – Cuenco de cerámica, decorado con motivos polícromos, procedente de Guadalajara, estado de Jalisco. México, siglo XVII.

129 – Tibor, gran jarrón ornamental a la vez que utilitario, realizado en cerámica. Forma pareja con otro similar, estando decorados ambos con el motivo del águila bicéfala. Tonalá, Estado de Guadalajara, México, siglo XVIII.

128 – Arqueta de madera decorada mediante incrustaciones de nácar con los tradicionales motivos fitomorfos y zoomorfos, así como con un águila bicéfala en la cerradura de plata. México, posiblemente siglo XVIII.

En estos grupos el vestuario y el marco ambiental son indicativos de las clases sociales a los que los personajes solían pertenecer. Entre las distintas series de mestizaje, de las que el Museo posee una muy completa y selecta colección, destaca la espléndida serie de ocho cuadros efectuados por Miguel Cabrera, que son los que muestran una mayor calidad [125],

130 – *Los mulatos de Esmeraldas*, lienzo encargado para mostrar a Felipe II la pacificación de unos reductos resistentes de la provincia de Esmeraldas, zona con numerosa población de origen africano. Los mulatos se adornan con joyería de tipo indígena. Adrián Sánchez Galque, Quito, Ecuador, 1599.

131 – *Coronación de la Virgen por la Trinidad.* Lienzo que muestra el gusto arcaizante de las escuelas andinas, tanto en el modelo iconográfico como en la composición y en el uso del oro. Perú, siglo XVII.

132 – *Arcángel San Rafael.* Lienzo con una iconografía muy popular en el virreinato del Perú al enlazar con la iconografía prehispánica de los mensajeros celestes. Óleo sobre lienzo, Perú, siglo XVIII.

133 – *San José con el Niño.* Lienzo de la escuela cuzqueña con los característicos colores planos y profusión de dorados, ausencia de volumen y perspectiva y aparición de un paisaje convencional e irreal. Cuzco, Perú, siglo XVII.

134 – *Sagrada Familia.* Lienzo que evidencia el gusto ingenuo de la pintura andina. Escuela cuzqueña, Perú, siglo XVIIII.

135 – *Indio principal de Quito en traje de gala.*
Forma parte de una serie de seis cuadros que
muestran los distintos tipos humanos
ecuatorianos así como la flora y fauna de esta
tierra. Vicente Albán, Quito, Ecuador, 1783.

la serie pintada por Andrés de Islas, donde las diversas posibilidades de
mestizaje se desarrollan en dieciséis lienzos [23], o la anónima compuesta
por dieciséis óleos pintados sobre cobre. El cuadro más llamativo de este
género es el realizado por Luis de Mena en el que se representan varias
escenas de mestizaje bajo las cuales se desarrolla un friso con los frutos
típicos de la región y, coronando el conjunto, se dispone la mexicana
virgen de Guadalupe entre dos escenas en las que participan diversos
personajes [126].

Pertenecientes también a este siglo merece destacarse alguna Virgen
policromada de Guatemala y, sobre todo, el conjunto de bateas –polícromas bandejas de madera lacada decoradas con motivos florales y variadas

escenas [22]–, así como la también muy numerosa colección de cerámicas mexicanas de los siglos XVII y XVIII provenientes de los talleres jalisqueños de Guadalajara, una parte de las cuales pertenece a la colección Oñate. En unas puede apreciarse decoración polícroma de motivos florales mientras que otras ofrecen, bajo una brillante superficie roja, variadísimas formas tanto gallonadas como con aplicaciones y calados [127, 31]. Un tipo muy característico son los grandes tibores con decoración en relieve o pintada, sobre fondos rojos o cremas, de motivos florales junto a escudos heráldicos con animales tales como leones o águilas bicéfalas [129]. Por último, dentro de este virreinato merece destacarse la colección de platería mexicana y diversos objetos de arte mueble [128].

A continuación veremos de manera conjunta las colecciones coloniales de lo que, en un principio, fue el Virreinato del Perú, que comenzó abarcando toda la Sudamérica española para después desgajarse en el de la Nueva Granada –que comprendía Colombia, Ecuador y Venezuela– y, ya a finales de la colonia, el del Río de La Plata. Uno de los cuadros de mayor relevancia de la escuela de Quito, y uno de los más destacados del Museo, es el titulado *Los Mulatos de Esmeraldas*, firmado por el pintor indígena Adrián Sanchez Galque en 1599, lo que le convierte en uno de los primeros lienzos firmados y fechados en América. En él se representa a tres mulatos de la ecuatoriana provincia de Esmeraldas, ricamente ataviados a la usanza española y llevando adornos de oro en la nariz, boca y orejas propios de las culturas prehispánicas del área [130].

De la escuela andina del siglo XVII hay algunos cuadros anónimos como el de Santa Rosa de Lima, una Adoración de la Eucaristía o un Arcángel San Rafael, iconografía muy popular en el mundo andino, donde se observa el típico paisaje escueto e irreal con el suelo sembrado de flores [132]. Ya en el siglo XVIII sobresalen cuadros tales como el de la *Coronación de la Virgen por la Trinidad* [131] o el *San José con el Niño* [133] y la *Sagrada Familia* [134].En ellos se observan las características figuras de la escuela andina de rostros idealizados y ropajes de colores vivos y planos ornamentados con el empleo sistemático del oro, lo que confiere a este tipo de pinturas una fuerte personalidad. Pero de entre todas las pinturas de la escuela andina destaca un gran lienzo, firmado por Melchor Pérez Holguín, titulado *La entrada del arzobispo-virrey Morcillo en Potosí*. Con un estilo descriptivo y minucioso, y con sus característicos y sólidos personajes que se mueven en un fondo de paisaje urbano, el autor plasma el recibimiento que la ciudad ofreció al virrey con motivo de su visita, narrando los diferentes momentos de los festejos en dos recuadros situados en la parte alta del lienzo [41].

137 – *Vista de Sevilla*, lienzo que muestra el puerto en el que recalaban los barcos procedentes de América. Atribuido a Sánchez Coello, finales del siglo XVI.

8

138 – *Zingari ofrece su hermana Alaida a Cortés*, litografía francesa de N. Maurin que forma parte de una serie que transmite una visión romántica e irreal de la conquista de México efectuada por Cortés. Siglo XIX.

También al siglo XVIII pertenece la serie de cuadros de mestizaje de la escuela quiteña, los únicos de este género de Sudamérica aunque, debido al diferente tratamiento formal que hacen del tema, apenas son comparables con los mexicanos. No obstante, esta serie obedece a una idea similar a la que se refleja en los cuadros mexicanos al mostrar –en un afán propio de la Ilustración y trasponiendo a la sociedad y al arte la clasificación de las especies de Linneo– los diferentes tipos humanos, la fauna y la flora americana. Se trata de una serie firmada por Vicente Albán que está compuesta por seis cuadros que representan, dos de ellos, a tipos indígenas salvajes en un medio selvático. Otros dos cuadros representan a un hombre y a una mujer indígenas en traje de gala los cuales apenas se diferencian de los otros dos tipos restantes, una Señora principal con su esclava negra y una Yapanga o prostituta de Quito. El fondo de paisaje y frutos del lugar complementan la minuciosa descripción de los objetos y de los personajes de la sociedad americana de esta región. Cuatro de éstos se hallan ataviados con gran riqueza de tejidos y adornos que evidencian la singularidad de la indumentaria local y el arcaizante gusto por los dorados de los virreinatos andinos, así como el uso de las leyendas y cartelas explicativas del arte virreinal [135, 24]. De la misma escuela de Quito y pintado en el año 1738 por el mismo autor, merece mención el retrato del arzobispo Pedro Ponce. En él dicho personaje aparece sen-

Retrato de una Negra del monte de Manila

tado simulando un retrato dentro de otro sostenido por una peana en la que se sitúa el escudo del arzobispo junto a una larga leyenda a él relativa.

Del siglo XVII cabe mencionar algunas esculturas de alabastro, como un Arcángel procedente de la peruana ciudad de Huamanga [136] o una Piedad de la ciudad de Ayacucho. Del siglo XVIII destacan algunas esculturas características de la escuela quiteña como una Inmaculada, donde la Virgen aplasta con su pie el dragón del Apocalipsis, los nacimientos con figuras delicadamente talladas [40], o un Santiago apóstol, además de un depósito temporal de escultura religiosa también quiteña.

Entre los objetos de platería virreinal sudamericanos figuran algunos estribos tipo sandalia, sahumadores y vajilla doméstica variada. Destacan algunos procedentes del galeón *Atocha*, hundido en el Caribe y recientemente rescatado, del que también se exponen algunas joyas y dos lingotes, uno de oro y otro de plata. Entre la orfebrería religiosa del Virreinato del Perú existen coronas de plata repujada y cincelada y un raro y bello portaviáticos con esmaltes. Es muy curiosa la cerámica procedente de Chile, de estilo rococó con profusos dorados, conocida con el apelativo de «cerámica de las monjas» por estar hecha por una congregación de religiosas, que fue recogida por Joseph Dombey a la vuelta de su expedición científica con Ruiz y Pavón.

El Museo alberga también pintura española de tema americano como el cuadro del Puerto de Sevilla , atribuido a Sánchez Coello [137]. Tam-

142 – Sopera de la Compañía de Indias en
forma de ave. Cerámica fabricada en China,
en el siglo XVIII.

143 – *Santa Rosa de Lima*, monja peruana cuya
representación fue muy popular en toda
América. Marfil, México, siglo XVII.

bién cuenta con una serie de grabados románticos cuya temática alude
a la conquista de México, muy decimonónicos e ingenuamente alejados
de la realidad [138], y otros grabados como el Desembarco de Cook en
una de las islas de los amigos, realizado en el siglo XVIII por B.Direx.
Además debemos mencionar de nuevo la serie de dibujos hechos durante
la expedición que realizó Malaspina a América y Oceanía. Algunos son
de gran calidad artística y todos aportan una valiosa información etnográfica de las sociedades indígenas y colonial junto con una visión científica
de especímenes de historia natural [139, 16, 42].

Ya del siglo xix, cabe señalar alguna pintura mexicana, una numerosa colección de figuras de cera también mexicanas hechas por Andrés García que representan variadísimos tipos humanos del momento [140, 32]. Existen además objetos de platería que se adentran incluso en el siglo xx, tales como espuelas chilenas, algún bastón de mando de madera con revestimiento parcial de plata repujada usado por los alcaldes de indios del Perú, o recipientes en forma de bombilla con un tubo para consumir la infusión de hierba mate [141].

Completan las colecciones del Museo alguna vajilla de diferente procedencia, como las bellas soperas de la Compañía de Indias [142], y mobiliario diverso, además del ya mencionado de origen chino-filipino. Delicadas esculturas hispano-filipinas de temática religiosa y realizadas en marfil –como un tríptico, una Santa Rosa de Lima [143] y un Niño Jesús– nos ayudan, junto con todas las obras hasta aquí mencionadas, a conocer y valorar las distintas realidades artísticas de este vasto, fascinante y, en ocasiones, desconocido continente.

Bibliografía

Anales. Museo de América, Madrid, Museo de América- Ministerio de Cultura, 1993 y ss.

CABELLO CARRO, P., *Desarrollo cultural en Costa Rica precolombina*, Madrid, Ministerio de Cultura, 1980.

Escultura mexicana precolombina en el Museo de América, Madrid, Ministerio de Cultura, 1980.

Coleccionismo americano indígena en la España del siglo xviii, Madrid, Ediciones de Cultura Hispánica, 1989.

Política investigadora de la época de Carlos III en el área maya, Madrid, Ediciones de la Torre, 1992.

CABELLO, P. y MARTÍNEZ, C., *Música y arqueología en América precolombina*, Oxford, BAR International Series 450, 1988.

Cuesta Domingo, M., *Cultura y cerámica mochica*, Madrid, Ministerio de Cultura, 1980.

Los trabajos de metal en el área andina, Madrid, Ministerio de Cultura, 1980.

Arqueología andina: Perú, Madrid, Ministerio de Cultura, 1980.

GARCÍA SAIZ, C., *La pintura colonial en el Museo de América (I): La escuela mexicana*, Madrid, Ministerio de Cultura, 1980.

La pintura colonial en el Museo de América (II): Los enconchados, Madrid, Ministerio de Cultura, 1980.

MARTÍNEZ, C., *Cerámica prehispánica norperuana*, Oxford, BAR International Series, 323 (II), 1986.

PALAU, M., *Catálogo de los dibujos, aguadas y acuarelas de la expedición Malaspina*, Madrid, Ministerio de Cultura, 1980.

RAMOS GÓMEZ, L. y BLASCO BOSQUED, C., *Los tejidos prehispánicos del área central andina en el Museo de América*, Madrid, Ministerio de Cultura, 1980.

Catálogo de la cerámica nazca del Museo de América de Madrid, Madrid, Ministerio de Cultura, 1985.

SÁNCHEZ GARRIDO, A., *Indios de América del norte (Otras culturas de América)*, Madrid, Ministerio de Cultura, 1991.

VARELA TORRECILLA, C., *Catálogo de arte plumario amazónico del Museo de América*, Madrid, Ministerio de Cultura, s.a.

V.V.A.A., *Museo de América*, Madrid, Ministerio de Cultura, 1994.

V.V.A.A. Catálogo de la exposición *Muestra de cultura precolombina y colonial*, Cáceres, Institución cultural «El Brocense»– Excma. Diputación Provincial de Cáceres, 1984.

V.V.A.A. Catálogo de la exposición *El mestizaje americano*, Madrid, Museo de América-Ministerio de Cultura, 1985.

V.V.A.A. Catálogo de la exposición *México antiguo*, Madrid, Museo de América, 1986.

V.V.A.A. Catálogo de la exposición *Culturas indígenas de la Amazonía*, Madrid, Biblioteca Quinto Centenario, 1986.

V.V.A.A. Catálogo de la exposición *Gold und Macht. Spanien in der Neuen Welt*. Kremayr und Scheriau, Wien, 1986.

V.V.A.A. Catálogo de la exposición *Piedras y oro. El arte en el imperio de los Incas*. Alicante, Caja de Ahorros del Mediterráneo, Museo de América, Ministerio de Cultura, 1988.

V.V.A.A. Catálogo de la exposición *México colonial*. Alicante, Caja de Ahorros del Mediterráneo, Museo de América, Ministerio de Cultura, 1989.

V.V.A.A. Catálogo de la exposición *Los Incas y el antiguo Perú. Tres mil años de historia*, Barcelona, Sociedad estatal Quinto Centenario, 1991.

V.V.A.A. Catálogo de la exposición *Los indios de América del norte en el siglo xviii*, Madrid, Fundación Santillana, 1992.

V.V.A.A. Catálogo de la exposición *La cerámica en las antiguas culturas de los Andes*, Zamora, Ayuntamiento de Zamora, 1992.

V.V.A.A. Catálogo de la exposición *La cerámica americana precolombina*, Zaragoza, Ibercaja, 1992.

V.V.A.A. Catálogo de la exposición *Magia, mentiras y maravillas de la Indias*, Huelva, Diputación Provincial de Huelva, Museo de América, 1995.

V.V.A.A. *Cuadernos de Arte Colonial*, Madrid, Ministerio de Cultura, 1986 al 1992.

iberCaja € **Colección monumentos y museos**

Forma parte de Musea Nostra – Colección Europea
de Museos y Monumentos

Títulos publicados

En preparación

MADRID, Ermita de San Antonio de la Florida

Editor de Musea Nostra – Colección Europea
de Museos y Monumentos
Jan Martens

Responsable de la edición española
Gonzalo de Diego Chóliz

Producción
Lise Coirier – Edición Marot, Bruselas

Redacción
Cristina López Devaux

Diseño
Louis Van den Eede

Fotografía
Paul Maeyaert

Fotomecánica
De Schutter, Amberes

Fotocomposición
Tallon Type, Bruselas

Impresión
La Charte, Brujas

Encuadernación
Splichal, Turnhout

© Ibercaja/Marot, 1997
Printed in Belgium
ISBN 84-8324-005-x